AF500440

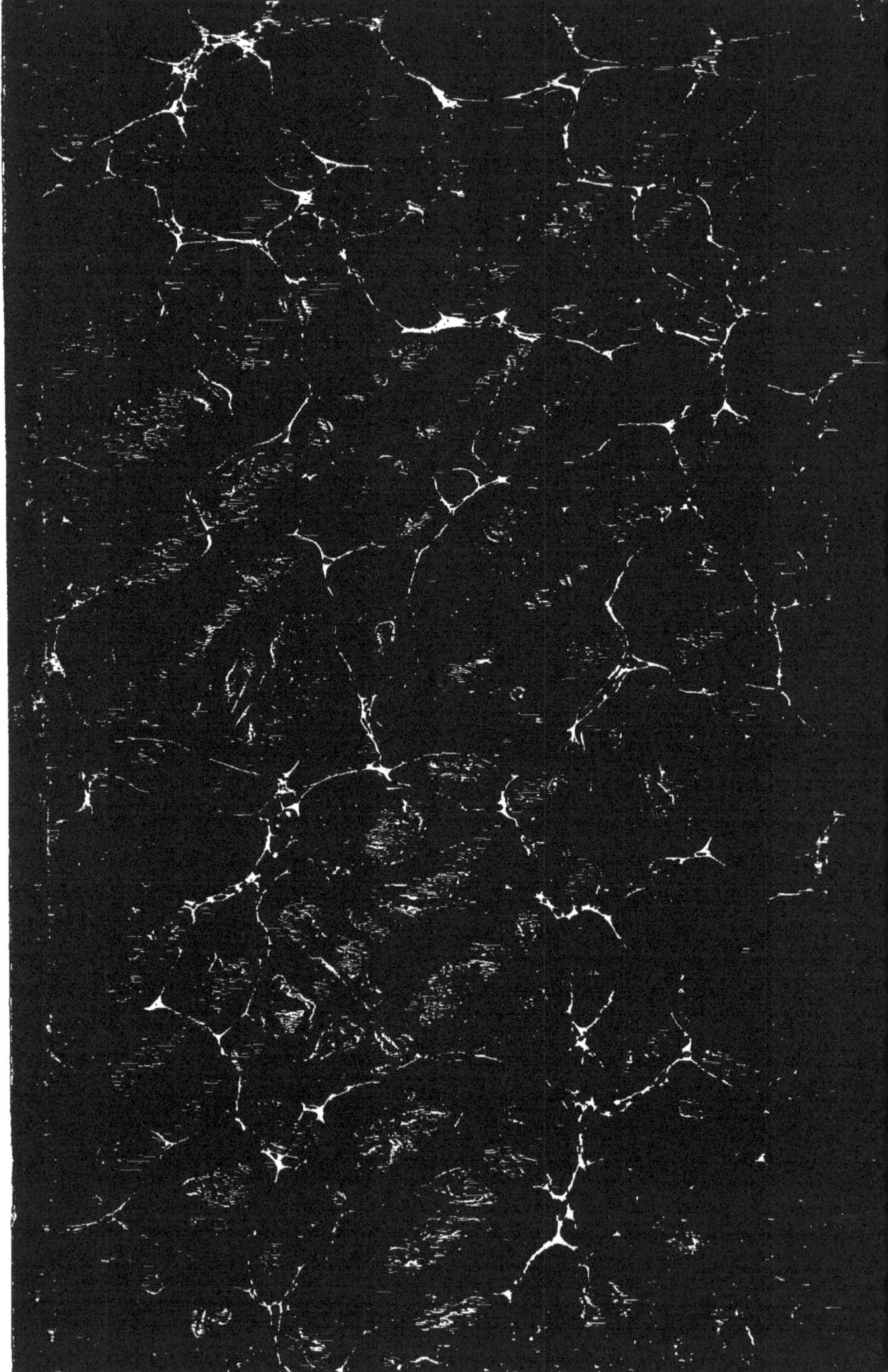

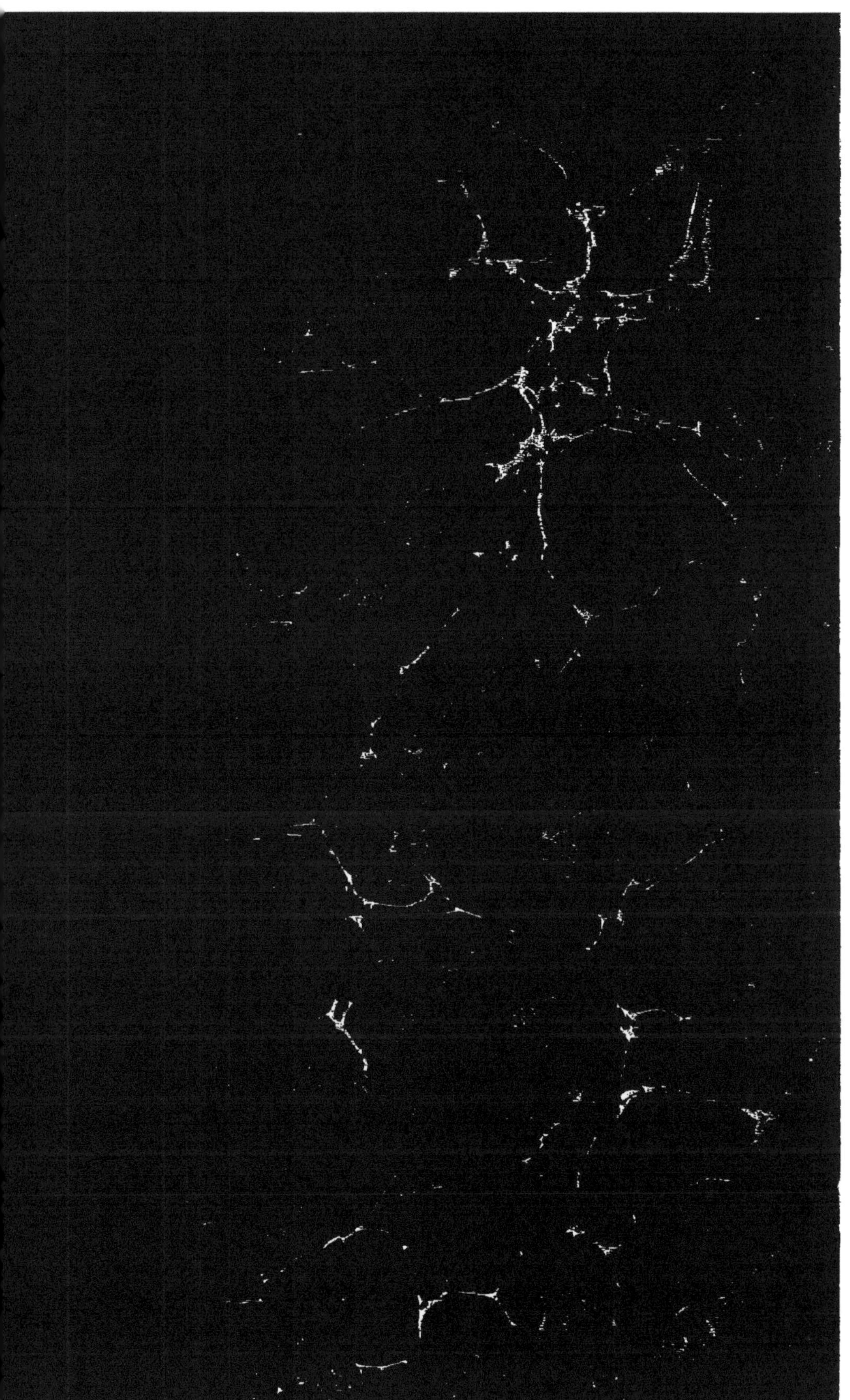

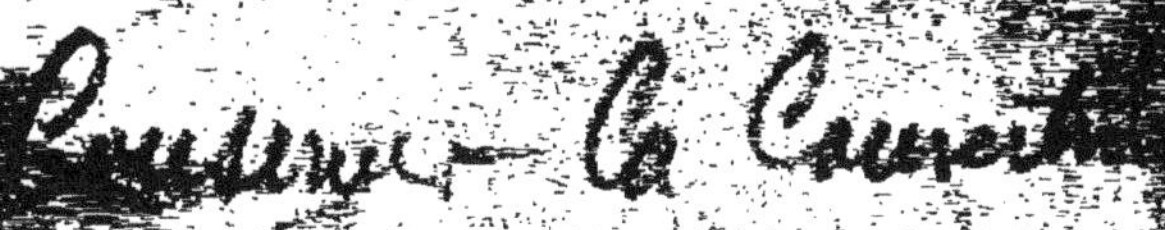

ÉTUDE CRITIQUE

SUR LA

MÉTHODE ORATOIRE

DANS

SAINT AUGUSTIN

PARIS

DURAND, 3, RUE DES GRÈS-SORBONNE

Et chez les principaux libraires.

A DOUAI, CHEZ AD. OBEZ, RUE DE BELLAING, 4.

1848

THÈSE FRANÇAISE

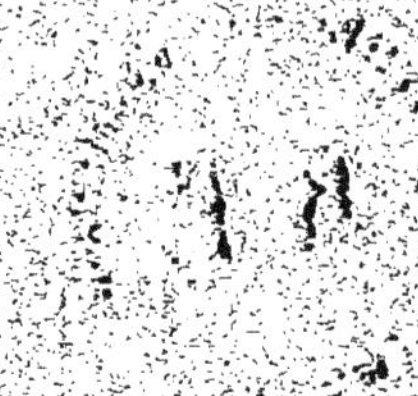

PARIS. — IMPRIMERIE BONAVENTURE ET DUCESSOIS
Quai des Augustins, 55.

ÉTUDE CRITIQUE

SUR LA

MÉTHODE ORATOIRE

DANS

SAINT AUGUSTIN

PARIS

DURAND, 3, RUE DES GRÈS-SORBONNE

Et chez les principaux libraires.

A DOUAI, CHEZ AD. OBEZ, RUE DE BELLAING, 4.

1848

A MONSIEUR VICTOR LECLERC

MEMBRE DE L'INSTITUT,

DOYEN DE LA FACULTÉ DES LETTRES DE PARIS

Hommage d'un respectueux et profond attachement,

FERD. COLINCAMP.

AVANT-PROPOS

AVANT-PROPOS

Il y a trois choses que saint Augustin aurait désiré voir dans sa vie, dit un de ses biographes d'après une de ces nombreuses traditions qui s'attachèrent durant le moyen-âge au nom de saint Augustin comme à celui de Virgile : « C'était Rome dans sa gloire, saint Paul prêchant et Jésus-Christ conversant avec les hommes. » On chercherait en vain dans les œuvres du grand docteur ce mot que Lancilot[1] lui prête généreusement ; mais il ne lui manque pour être vrai que d'être authentique. La doctrine de Jésus-Christ prêchée avec l'éloquence et le génie de

[1] Cornelius Lancilot, de l'ordre des Ermites de Saint-Augustin, auteur d'une vie de ce saint. Son ouvrage parut en latin, à Anvers,

saint Paul, tel devait être en effet l'idéal de saint Augustin.

On croit trop que les Pères latins n'ont songé qu'à maintenir la vérité du dogme catholique, et que, différents en cela des docteurs grecs, ils ont dédaigné de l'entourer des prestiges de l'éloquence. Cela serait vrai tout au plus des évêques des VIe et VIIe siècles. Alors même pour l'Église commençait le moyen-âge. Le sentiment du beau semble presque complétement perdu, et l'éloquence disparaît d'un monde qui ne l'aurait pas comprise ; mais alors aussi un grand changement se fait sentir dans l'esprit de l'Église. Désormais il ne s'agit plus pour elle de régner seulement sur les âmes, et elle ne s'appuiera plus sur ses puissants docteurs qui avaient honoré le IIIe et le IVe siècle.

Mais avant la sombre nuit qui enveloppe le pénible enfantement de la féodalité et de la puissance pontificale, l'Église latine, avec moins

en 1616. Cette citation, extraite du chapitre XLII, page 296, semble avoir servi de texte à l'épigramme de J. Scaliger, que voici :

Ne egredere è solo ac tetrico, pater alme, recessu,
Ut Jesum videas ; Christus ubique tibi est.
Ne egredere, ut Paulum auscultes magna illa sonantem :
In cœlo Paulus mox tuus hospes erit.
Ne egredere ut Romam spectes ; stomachabere quandò
Roma erit in Româ nulla reperta tibi.

d'éclat sans doute que la grecque, avait déployé son génie dans les lettres et dans l'éloquence. Les Ambroise, les Jérôme et les Augustin, pas plus que les saint Basile et les Chrysostome, ne rompirent violemment avec les traditions littéraires du passé. Aussi l'Église latine eut ses orateurs, ses historiens, et même, ce que n'avait pas eu l'Église grecque, elle eut sa rhétorique; et c'était saint Augustin qui lui en avait tracé les leçons!

La Rhétorique de saint Augustin, tel est le sujet de cette étude.

En exposant les doctrines de l'évêque d'Hippone sur l'art oratoire, je songe moins à en donner une analyse détaillée, qu'à présenter quelques aperçus historiques et surtout critiques sur la rhétorique chrétienne au IVe siècle.

Sans doute il n'est pas indigne de la curiosité des hommes de goût de savoir quelle a été l'opinion d'Augustin sur tel ou tel problème de rhétorique qui avait déjà trouvé une solution dans les travaux d'Aristote ou de Cicéron, et je tâcherai de ne rien laisser à désirer sur ce point quand l'exposition des principes d'Augustin m'y amènera naturellement; mais, je le répète, la question, pour moi, n'est pas là : je veux, avant tout, montrer comment ce génie souple et vigoureux a créé la rhétorique chrétienne, et cela en acceptant presque toutes les traditions des rhéteurs grecs et latins.

Saint Augustin a compris ce qu'il y avait d'éternellement vrai dans l'œuvre de ses prédécesseurs : en la respectant il a fait preuve à la fois de justice et d'intelligence. Mais les grands principes, à force d'être répétés, étaient devenus des formules vagues et inutiles : il les rajeunit en les adaptant aux idées et aux sentiments de son siècle. L'art oratoire en abusant de sa puissance s'était discrédité : il lui imposa une direction plus sainte et plus morale.

S'appuyant sur la psychologie savante du christianisme, il reconnaît avec les Grecs que la rhétorique est une de nos facultés, qu'à ce titre elle est légitime ; mais elle peut produire le bien comme le mal parce que l'homme est faible, parce que la passion corrompt les meilleures choses. Comment la religion enchaînera-t-elle cette puissance indocile et redoutable? rassurons-nous; l'esprit chrétien sait purifier et renouveler toutes choses, et Augustin, développant les paroles de l'apôtre, proclame que la charité est la fin unique à laquelle désormais doit tendre l'art.

Platon avait réduit l'orateur au rôle de moraliste, Augustin veut que le moraliste chrétien, se laissant emporter sur les ailes de la charité et de l'amour divin, ne craigne plus de rivaliser désormais avec les plus grands artistes de la parole antique.

Platon avait méconnu la moralité de la rhétorique, il l'avait maudite en haine des rhéteurs et des sophistes. Augustin retrouva ses titres que la philosophie n'avait pu détruire : il la rétablit dans sa dignité naturelle, et grâce à lui le christianisme aura sa rhétorique comme la liberté avait eu la sienne chez les Grecs, comme la grandeur romaine avait eu la sienne au temps d'Auguste; et au XVIIe siècle l'œuvre d'Augustin semblera encore neuve et féconde aux Arnauld, aux Fénelon, aux Fleury, et à tous les grands esprits de cette mémorable époque.

Car il est permis de croire que Bossuet, quoiqu'il n'ait pas parlé expressément des doctrines oratoires d'Augustin, les adopta comme tout ce qu'avait produit le génie de l'évêque d'Hippone. Oui, en matière d'éloquence comme en matière de foi, Augustin, pour répéter ici les paroles d'un grand critique, donna des idées à Bossuet[1]; et qui

[1] M. Villemain. *De l'Éloquence chrétienne dans le IVe siècle.*

sait si l'orateur du grand siècle ne venait pas de relire le 4ᵉ livre de la doctrine chrétienne quand il disait magnifiquement : [1] « Le fond de saint « Augustin c'est d'être nourri de l'Écriture, d'en « tirer l'esprit, d'en prendre les plus hauts princi- « pes, de les manier en maître et avec la diversité « convenable; après cela, qu'il ait des défauts « comme le soleil a ses taches, je ne daignerais « ni les avouer, ni les nier, ni les excuser, ni les « défendre. »

En résumé, ce que je veux montrer, c'est la transformation, c'est le progrès de la rhétorique appropriée aux idées nouvelles que le christianisme avait répandues dans la société. Laissons donc de côté les détails purement techniques, et qui se rencontrent partout; je me bornerai à exposer et à commenter les principes les plus féconds et en quelque sorte l'esprit vital qui anime les travaux que saint Augustin a laissés sur l'art de persuader.

Je ne m'interdirai pas d'expliquer ses préceptes par sa pratique : ses sermons, sa correspondance, et même des fragments de ses traités dogmatiques, me serviront, s'il le faut, à interpréter sa parole.

[1] Bossuet, *Défense de la tradition et des saints Pères*, IV, 18.

Mais, avant d'arriver à la question qui fait l'objet de ce travail, je dois faire connaître dans quel état l'élève des rhéteurs trouva cette rhétorique chrétienne qu'il devait constituer : il est bon aussi de rappeler les circonstances historique qui purent influer sur son éloquence et par suite sur les idées qu'il se forma de la rhétorique.

Ces deux questions résolues, il me sera facile de montrer que la doctrine oratoire de saint Augustin reposait sur des bases assez larges pour suffire à tous les développements ultérieurs de la civilisation chrétienne, en même temps qu'elle répondait parfaitement aux besoins moraux du IVe siècle : elle contient en effet fort peu de règles, mais beaucoup d'observations, beaucoup de principes généraux ; les règles ne font qu'entraver l'orateur, elles disposent de lui; au contraire, il dispose des principes, et en tire ce qu'il veut.

Puisse mon but paraître assez sérieux et assez élevé pour qu'on me pardonne de n'avoir étudié dans saint Augustin que le rhéteur, de n'avoir considéré de ce beau et religieux génie que le côté qui peut sembler profane à ceux qui n'ont pas lu les traités dont je vais parler. Mais dans saint Augustin tout mène à Dieu, sa rhétorique comme sa métaphysique, comme sa morale : et de même que l'enthousiasme de Bossuet l'a proclamé le plus grand docteur de l'Eglise, ainsi notre admiation plus profane pourra saluer en lui le véritable fondateur de la rhétorique sacrée.

CHAPITRE I.

DE LA RHÉTORIQUE CHRÉTIENNE
AVANT SAINT AUGUSTIN.

CHAPITRE I.

DE LA RHÉTORIQUE CHRÉTIENNE AVANT SAINT AUGUSTIN.

Quand les apôtres allèrent porter aux hommes la parole de leur maître, le monde romain croyait plus au pouvoir de l'éloquence qu'à celui de ses vieilles divinités : les rhéteurs seuls et les artistes prolongeaient la frêle immortalité de ces dieux qu'une philosophie raisonneuse et sceptique avait attaqués depuis longtemps : les dieux de l'Olympe et leurs prêtres n'étaient donc pas les adversaires sérieux du nouveau culte ; c'était une philosophie indifférente en matière de religion ; c'était une rhétorique essayant par le prestige des souvenirs qu'elle évoquait, surtout en Grèce, de défendre des dogmes impuissants contre les empiétements de la raison humaine.

Souvent, il est vrai, philosophes et rhéteurs faisaient cause commune contre le passé. Sénèque, Plutarque et Lucien sont les illustres représentants de beaucoup d'âmes qui, sans être chrétiennes, voulaient autre chose que le polythéisme, dans les deux premiers siècles de notre ère. Mais le christianisme savait bien que là même étaient ses implacables ennemis; aussi voyez comme Origène prend au sérieux le railleur ami de Lucien, l'épicurien Celsus, qui, au nom de la philosophie, repoussait le nouveau dogme de toutes ses forces. Au beau langage des orateurs, aux savants raisonnements des philosophes, les apôtres ne pouvaient opposer ni l'éloquence de leur parole, ni la subtilité des arguments; c'étaient des hommes sans lettres, et la foi qu'ils enseignaient ne se prouvait point par des paroles; un seul parti pouvait convenir à leur ignorante simplicité: c'était d'avouer leur faiblesse; ils la proclament, et elle deviendra leur force; grâce à elle, ils publieront hautement ces idées que la société ancienne devait trouver si étranges et si insensées; et comme à ce monde enchanté de ses jouissances et de ses voluptés ils avaient annoncé la pureté et la tristesse chrétienne, à ces Grecs épris de leur éloquence et de leurs rhéteurs ils déclarent que la volonté de celui qui les envoie est que leurs paroles ne soient pas moins rudes que leur doctrine paraît incroyable.

« Je suis venu vers vous[1], disait saint Paul aux « Corinthiens, pour vous annoncer l'évangile de « Jésus-Christ ; je n'y suis pas venu avec les dis« cours élevés d'une sagesse et d'une éloquence « humaine ; je n'ai pas fait profession de savoir « autre chose parmi vous que Jésus-Christ, et « Jésus-Christ crucifié ; je n'ai pas employé, en « vous parlant et en vous prêchant, les discours « persuasifs de la sagesse humaine, mais les « effets sensibles de l'esprit et de la vertu de « Dieu, afin que votre foi ne soit pas établie sur « la sagesse des hommes, mais sur la puissance « de Dieu.... Car Dieu, voyant que le monde ne « l'avait pas connu dans les ouvrages de la sa« gesse divine, il lui a plu de sauver par la folie « de la prédication ceux qui croiraient en lui. »

Aussi, quand ce même saint Paul se présentait devant les Athéniens, leur parlant au nom du Dieu inconnu, les uns se moquèrent de lui, les autres dirent qu'ils l'écouteraient une autre fois,

[1] Saint Paul, I *Corinth.* XI, 1, 4 ; XVI, 2.

et il s'entendit appeler *semeur de paroles*[1]. Mais la semence fructifiera, car l'esprit de Dieu était en lui; et parmi ces âmes rebelles, sa parole toute simple et sans artifice saura pourtant trouver des chrétiens : « Paul, dit Bossuet[2], montre la vérité « toute nue, sans fard, sans aucun de ces orne- « ments d'une sagesse mondaine : il la prêche « avec une éloquence qui tire sa force de sa sim- « plicité toute céleste; il la prêche du haut de « son indépendance avec un cœur de roi, avec « une grandeur d'âme royale. Et il triomphe, car « il a des moyens pour persuader que la Grèce « n'enseigne pas, et que Rome n'a pas appris. « Une puissance surnaturelle, qui se plaît à rele- « ver ce que les superbes méprisent, s'est répan- « due et mêlée dans l'auguste simplicité de ses « paroles. De là vient que nous admirons dans « ses épîtres une certaine vertu plus qu'humaine « qui persuade contre les règles, ou plutôt qui « ne persuade pas tant qu'elle captive les enten-

[1] *Actes des Apôtres*, XVII, 31.

[2] Le Panégyrique de saint Paul est peut-être un des morceaux les plus éloquents que Bossuet ait composés. A la suite de ce premier panégyrique, il y a le précis d'un second discours sur le même sujet : et là encore les grands traits abondent; dans les deux morceaux, Bossuet développe les caractères particuliers à l'éloquence de l'apôtre.

« dements, qui ne flatte pas les oreilles, mais qui « porte ses coups au cœur. Et, continue Bossuet, « de même qu'on voit un grand fleuve qui retient « encore, coulant dans la plaine, cette force vio- « lente et impétueuse qu'il avoit acquise aux « montagnes d'où il tire son origine, ainsi cette « vertu céleste qui est contenue dans les écrits de « saint Paul, même dans cette simplicité de style, « conserve toute la vigueur qu'il apporte du ciel « d'où elle descend. »

C'est bien de saint Paul qu'il s'agit : en lisant ces grandes appréciations, on croirait volontiers qu'il est question de Bossuet lui-même. Lui aussi, comme saint Paul, il fraya à l'éloquence des sentiers inconnus. Était-il donc dans la destinée du christianisme d'ouvrir en tout temps à l'éloquence des grandes âmes de nouveaux horizons? Quoi qu'il en soit, dès qu'il paraît, la rhétorique, elle aussi, se rajeunit et se renouvelle.

Celle d'autrefois s'adressait aux hommes puissants, aux riches, aux chefs de la cité ; elle était toute politique. Celle des apôtres s'adresse aux faibles, aux esclaves, aux femmes, à tous ceux qui souffrent et qui sont humbles. La rhétorique ancienne était savante, chargée de principes, pleine d'artifices ; celle de saint Paul a les caractères opposés : pour ces âmes ardentes et simples, elle n'aura pas des raisonnements compliqués et difficiles ; elle leur présentera le lait comme aux enfants. Elle ne prouvera plus, comme le voulait Aristote, elle affirmera, et le monde sera convaincu.

Prenons quelques exemples au hasard.

Saint Paul veut démontrer aux Corinthiens la résurrection des morts ; il ne le fait ni par la considération spéculative de la spiritualité de l'âme, ou de son immortalité, comme il le pouvait, ni par aucune autre preuve philosophique.

« Vous aimez Jésus-Christ, leur dit-il, vous « croyez en lui ; on vous a dit qu'il est ressuscité ; « comment donc se trouve-t-il parmi vous des « personnes qui osent dire : les morts ne ressus- « citent pas? Si les morts ne ressuscitent pas, « Jésus-Christ n'est donc pas ressuscité ; et dès- « lors notre prédication est vaine, et notre foi « aussi[1]. »

Quelle logique nouvelle, quelle rhétorique plus audacieuse que celle des anciens, s'offre ici à nous? le raisonnement, c'est une aspiration du

[1] Saint Paul, 1 *Corinth.* XV, 13, 14.

cœur, c'est le vœu poétiquement exprimé par un grand poëte de nos jours :

« J'aime, il faut que j'espère [1]. »

Au fond, c'est toujours le vieux syllogisme d'Aristote qu'on retrouverait sous ce cri de l'âme ; mais la forme de ce raisonnement aurait sans doute fort surpris le philosophe grec.

Cette méthode plus simple n'est pas moins pratique que celle des rhéteurs. Comme en dernière analyse c'est toujours à des hommes que l'apôtre s'adresse, il faut bien qu'il les prenne par leurs passions. Voyez comme il fait la part du moi que le christianisme disciplinait, mais qu'il ne supprimait pas. Qu'il y a d'habileté dans cette considération, que la foi et la religion des fidèles deviennent vaines, aussi bien que leurs bonnes œuvres, s'il n'y a pas de résurrection !!

Le procédé ordinaire de cette dialectique, c'est de parler au cœur par des exemples sensibles ; pour se mettre à la portée de tous, l'orateur ne craint pas de répéter sa pensée sous plusieurs formes ; qu'on lise les discours adressés par saint

[1] De Lamartine. *Premières Méditations. De l'Immortalité.*

Paul au gouverneur Félix, au roi Agrippa, à l'aréopage ; qu'on rapproche de son langage l'accusation de Tertulle, que les Juifs firent parler contre lui, et qu'on juge les deux méthodes.

Pour n'être pas systématique et savamment ordonnée comme celle des Grecs, la rhétorique des apôtres n'est pas moins complète : elle repose sur une psychologie tout aussi profonde. Mais elle n'a pas conscience d'elle-même, et c'est là son infériorité ; l'art, chez saint Paul, n'est qu'un instinct heureux : c'est la marche naturelle d'un grand esprit et d'un grand cœur. Si l'on n'y cherche que la beauté du génie, le tour des pensées, la vigueur des expressions, tout y est admirable, et c'est bien cette éloquence de saint Paul que Bossuet plaçait si haut tout-à-l'heure ; mais il faut bien se garder d'y voir le produit d'un art consommé, d'une méthode positive ; c'est en vain qu'on y chercherait cet ordre, cet enchaînement rigoureux que réclame la philosophie de la parole.

C'est pourtant ce que saint Jérôme y trouvait ; là où Bossuet ne voit que de la simplicité, l'anachorète de Bethléem découvre une éloquence profonde, une rhétorique savante. Dans une lettre apologétique à Pammachus, où il défend les écrits qu'il avait composés contre l'hérétique Jovinianus, voici ce qu'il dit :

« Je citerai l'apôtre Paul, car toutes les fois « que je le lis, je crois entendre, non pas des « paroles, mais des coups de tonnerre; lisez ses « épîtres, surtout celles aux Romains, aux Ga- « lates, aux Ephésiens, dans lesquelles il est tout « entier à la polémique. Vous verrez, dans les « témoignages qu'il emprunte à l'Ancien Testa- « ment, quelle habileté ! quelle prudence ! quelle « finesse il met à déguiser le but qu'il se propose! « Certaines paroles ont un air simple et parais- « sent venir d'un homme sans malice et sans « culture, aussi inhabile à tendre des piéges qu'à « éviter ceux qu'on lui tend; mais où que vous « jetiez les yeux, vous apercevez la foudre; il « s'attache à son sujet, il s'empare de tout ce « qu'il aborde, tourne le dos pour vaincre, et fait « semblant de fuir pour tuer. »

Que pensiez-vous donc de Démosthène ou de Cicéron, que vous lisiez avec un plaisir si profane, ô pieux solitaire? Quels éloges eussiez-vous donc trouvés pour cet art infini qui préside aux moindres détails de leurs savantes compositions?

Mais tout cet art, toutes ces finesses, en quoi

eussent-ils servi à l'apôtre? le christianisme naissant n'en avait pas besoin; il ne cherchait pas à convaincre l'esprit; il imposait la foi et se contentait de toucher les âmes. Des procédés savants, qui introduisent la conviction dans l'esprit et non dans le cœur, lui étaient inutiles; il ne les recherchait point, nous le savons positivement; car l'épître de saint Paul à Timothée nous montre quel était le rôle et le but de l'art de persuader dans le nouveau dogme; la méthode chrétienne nous y est livrée dans sa simplicité primitive.

L'apôtre prie Timothée de donner aux frères ses recommandations pour qu'ils n'enseignent pas des doctrines nouvelles; pour qu'ils ne s'amusent pas à des fables et à des généalogies sans fin, qui servent plus à exciter des disputes qu'à fonder par la foi l'édifice de Dieu; la fin des commandements, c'est la charité qui naît d'un cœur pur, d'une bonne conscience et d'une foi sincère; plusieurs, dit-il, se détournent de ce devoir, et s'égarent en de vains discours.

Plus loin, en traçant le portrait de l'évêque chrétien, il se borne à demander qu'il soit capable d'instruire.

Dans sa seconde épître au même, il revient

sur ces idées et y insiste : « Quant aux questions « proposées sans raison et sans sagesse, évitez-« les, sachant qu'elles sont une source de con-« testations ; il ne faut pas que le serviteur de « Dieu s'amuse à contester ; il doit être modéré « envers tout le monde, capable d'instruire, et « patient ; il doit reprendre avec douceur ceux « qui résistent à la vérité, dans l'espoir que Dieu « pourra leur donner un jour l'esprit de péni-« tence, pour le leur faire connaître....

Et plus loin :

« Quant à vous, demeurez fermes dans les « choses que vous avez apprises et qui vous ont « été confiées, sachant de qui vous les tenez, et « considérant que vous avez été nourris dès votre « enfance dans les saintes lettres qui peuvent « vous instruire pour le salut de la foi qui est en « Jésus-Christ ; toute écriture qui est inspirée de « Dieu est nécessaire pour instruire, pour re-« prendre et pour conduire à la piété et à la jus-« tice. Je vous conjure donc devant Dieu et de-« vant Jésus-Christ, qui jugera les vivants et les « morts dans son avènement glorieux et dans « l'établissement de son règne, d'annoncer la « parole de Dieu. Pressez les hommes à temps et « à contre-temps ; reprenez, suppliez, menacez,

« sans vous lasser jamais de les tolérer et de les « instruire. »

De tout ceci, on peut, je crois, conclure légitimement :

1° Que la prédication devait être moins dogmatique encore que morale ;

2° Qu'elle devait s'attacher aux saintes Écritures comme à une base inébranlable ;

3° Que le pathétique en était le caractère principal.

Quant à la manière dont ces vérités et ces dogmes doivent être exprimés, l'apôtre ne s'en inquiète pas : il laisse chacun suivre la méthode que Dieu ou son génie lui fournira ; qu'on reprenne à temps ou à contre-temps, peu importe, pourvu que la parole de Dieu soit annoncée. Saint Paul avait avoué hautement qu'il ne connaissait pas les persuasions d'un langage habile : il n'en recommande donc pas l'emploi. Mais il serait injuste d'induire de son silence qu'il rejette l'éloquence ou la rhétorique. Non, il ne les proscrit pas ; mais le temps n'était pas venu d'en dicter les leçons : ce sera l'œuvre d'Augustin. Avant d'arriver là, le christianisme a bien des épreuves à traverser ; et, pendant la lutte qui le sépare du triomphe, il devra s'en tenir aux simples préceptes de l'apôtre.

Plusieurs raisons considérables peuvent expliquer comment le dogme chrétien, tout en produisant une éloquence neuve, fut si longtemps sans avoir une rhétorique originale.

Il fallait, avant tout, donner à la foi du néophyte une base qui le rendît inébranlable aux coups de l'incrédulité philosophique dont était travaillé le monde romain. Cette base, c'était la suite des mystères racontés avec toute la simplicité possible et mis à la portée des esclaves et des femmes ; c'était surtout Jésus-Christ crucifié que les évêques mettaient sous les yeux des fidèles. Ces premières instructions étaient infiniment moins explicites que les catéchismes les plus élémentaires de nos jours. L'Église ne livrait pas ainsi son secret tout d'un coup. De là nécessairement quelque chose de dogmatique dans le ton ; de là aussi cette absence de raisons et d'explications que rendent nécessaires les habitudes de l'esprit moderne.

Que cette discrétion ait été le résultat d'une impuissance intellectuelle ou qu'elle ait été systématique, la religion y a certainement gagné ; c'est à cela surtout qu'elle doit ses rapides progrès ; car, ainsi que l'a dit M. Villemain, les populations ne se passionnent que pour ce qui est mystérieux : sans mystère, il n'y a pas d'enthousiasme ; et si les premiers chrétiens n'avaient eu que la divine morale du Christ à renier devant les bourreaux des empereurs, la religion nouvelle aurait moins vite triomphé. Or, comme Arnaud l'a dit, comme le pensait aussi Boileau, Jésus-Christ crucifié ni les autres mystères ne comportent guère les beautés du langage. La rhétorique ne trouvait donc pas matière à se développer : elle ne travaille que sur les idées du sens commun, et le sens commun doit se taire devant les incompréhensibles mystères de la foi. Voilà une des raisons qui expliquent le mépris des premiers chrétiens pour un art qui leur était inutile.

Enfin, qu'on se rappelle l'état de crainte et de tremblement dans lequel vécurent les fidèles primitifs, au milieu d'un siècle qui les raillait et les faisait mourir, sans cesse sous le coup des édits cruels qui les recherchaient, en présence des juges qui les condamnaient sans les entendre, et l'on comprendra qu'avant de chercher l'art de bien parler, ils aient cherché à pouvoir parler sans mourir. Est-il besoin d'ajouter que l'éloquence ne peut se rendre compte de ses succès, c'est-à-dire produire sa rhétorique, que quand elle s'est déployée dans une large carrière, sans que rien entravât ses libres et fières allures. Or, comment l'éloquence chrétienne aurait-elle pu se développer librement? Avant de mourir, les chrétiens n'avaient pas même le droit de se défendre, ce droit qu'aucune législation n'a jamais refusé même aux plus grands coupables. Écoutons Tertullien réclamant, au début de son Apologétique, ce droit de défense qu'on refusait à ses frères persécutés : « Si nous sommes les plus cri-« minels des hommes, pourquoi nous traitez-vous « autrement que nos semblables, que les autres « coupables? La même culpabilité devrait trou-« ver le même traitement ; tout ce qu'on dit de « nous, on le dit des autres ; et pourtant ils peu-« vent se défendre eux-mêmes, ou confier à un « avocat la défense de leurs droits ; ils peuvent « répondre, discuter, car il est défendu de « condamner un accusé sans que sa défense ait « été entendue. Les chrétiens seuls n'ont pas « le droit de repousser les accusations, de défen-« dre la vérité, et d'éclairer la conscience des « juges : on n'attend d'eux que ce qui est indis-« pensable à la haine publique, l'aveu de leur « foi, et non l'examen de leurs torts. »

Pour comprendre de pareilles iniquités, il faut se rappeler que le combat des deux religions n'a pas été tant le combat d'un système contre un système, que celui de la force contre le droit; toute la force était d'un côté, toute la justice de l'autre; il n'y a pas eu de discussion dès le principe : le polythéisme en appela à la puissance matérielle; le nouveau culte n'avait pas besoin de l'éloquence des hommes; cette première sève du christianisme, comme parle Bossuet, se suffit à elle-même; car, au lieu des discours persuasifs, dont les apôtres n'avaient pas usé, ils avaient prouvé ce qu'ils avançaient par l'effusion du Saint-Esprit et par les miracles. En effet, quoi de plus éloquent, quoi de plus miraculeux que la vie des premiers apôtres, si ce n'est leur mort? Et quand les actions parlent si haut, quelle place est réservée à la parole?

« Je crois volontiers les histoires dont les témoins se font égorger », dit Pascal; tous ces martyrs, toutes ces persécutions, enfin ces vertus prodigieuses qui, plus que tout le reste, distinguaient les chrétiens; tout cela servait bien mieux le christianisme que n'auraient pu le faire les plus éloquents discours.

Ces diverses raisons ont peut être assez complétement prouvé que l'Eglise naissante a pu se passer des leçons de l'éloquence, et négliger sans inconvénient les persuasions du langage humain en présence du paganisme.

Maintenant, entrons plus profondément dans son histoire : voyons-la en face de ses disciples comme nous l'avons vue en face de ses persécuteurs.

Quel était le but de la prédication ? Saint Paul nous l'a montré. Il s'agissait d'exposer les mystères de la religion, et de maintenir les fidèles dans la pratique des vertus chrétiennes.

En principe, je crois l'avoir déjà dit, l'exposition des mystères se prêtait peu aux développements de la grande éloquence ; mais peut-être que, dans la prédication morale, elle pouvait se montrer avec toutes ses grandeurs.

Pour nous faire une idée juste de la méthode suivie par les premiers Pères de l'Église dans leurs instructions, il faudrait avoir leurs catéchèses. Elles étaient de deux sortes : les unes se faisaient dans un certain temps aux catéchumènes qu'on devait baptiser à Pâques ; les autres, appelées mystagogiques, se faisaient aux nouveaux baptisés durant l'Octave de cette grande fête[1].

Dans leurs catéchèses, les pères n'exagéraient

[1] Si l'on veut de plus amples détails sur cette matière, on

rien; au contraire, ils affectaient d'y faire voir la foi toute nue et dans sa plus grande simplicité. Aussi on y découvre toute la force de l'ancienne Église.

Il n'en reste aujourd'hui qu'un fort petit nombre dans Saint-Cyrille de Jérusalem et dans Grégoire de Nysse. La cause de cette perte, regrettable pour plus d'une raison, vient de ce que dans les trois premiers siècles, la plupart des Pères se contentaient de parler sans permettre qu'on copiât leurs discours. Ce ne fut que dans les siècles suivants qu'ils commencèrent à permettre aux compétents, c'est-à-dire aux catéchumènes qui demandaient le baptême, d'écrire ce qu'ils pouvaient retenir de leurs discours publics.

Peut-être n'avons-nous que des résumés de leurs paroles dans le petit nombre des catéchèses

pourra consulter avec fruit l'ouvrage de Bonaventure d'Argonne intitulé : *Méthode pour lire utilement les Pères de l'Église,* en quatre parties. Paris, in-12, 1697. Les deux premières parties, qui sont aussi les plus remarquables, ont seules été composées par le savant Chartreux. Dans les deux dernières, il est aisé de reconnaître la manière de Port-Royal, où l'auteur avait de nombreux amis. Aussi bien ce qui nous y frappe surtout, ce sont des allusions transparentes contre les jésuites, et des éloges fréquents à l'adresse d'Arnaud et de Pascal.

Bonaventure d'Argonne, plus connu sous le nom de Vigneul-Marville, s'est fait un nom dans les lettres par ses Mélanges : *Mélanges d'histoire et de littérature,* 3 vol. in-12, 1725.

qui nous est parvenu, et il est malaisé de deviner quelle pouvait être l'éloquence des évêques dans leurs instructions, en voyant les formules sèches et arides dont elles sont remplies. Seulement il est démontré, pour un lecteur attentif, que les Pères mettaient toute la réserve possible dans l'exposé de la foi.

Ils ne faisaient apprendre l'Oraison dominicale aux catéchumènes que peu de jours avant leur baptême ; et ni le Symbole des apôtres ni aucun autre ne leur était donné par écrit. Cette méfiance dura fort longtemps, car Sozomène, au cinquième siècle, rapporte que, s'étant proposé d'insérer dans son histoire de l'Église le Symbole de Nicée, il en avait été détourné par des personnes pieuses, qui lui avaient remontré que cette exposition de la foi catholique ne devait être lue que par les prêtres et par les fidèles.

Les instructions se proportionnaient aux progrès et à la force des catéchumènes ; il y avait plusieurs degrés du catéchuménat. Origène, dans son troisième livre contre Celse, semble n'en reconnaître que deux. Des savants modernes en ont supposé trois, comptant pour premier degré le temps que les pasteurs donnaient à l'examen de ceux qui se présentaient pour être reçus au nombre des catéchumènes. Ce temps était employé, selon saint Augustin, à sonder le cœur pour en ôter ce qui empêchait de comprendre la foi chrétienne.

Le second degré ne comprenait que ceux qui, commençant à être instruits des choses de la religion, n'avaient pas encore reçu le symbole qui devait les purifier, c'est-à-dire les envoyer au baptême.

Le troisième était composé de ceux qui, résolus à suivre en toute chose les prescriptions de l'Évangile, donnaient lieu de croire qu'ils persévéreraient dans la foi et dans la pratique chrétienne : c'étaient les plus avancés.

Ce noviciat durait deux ou trois ans, quelquefois plus. On y enseignait aux catéchumènes la morale chrétienne et les éléments de la foi. On n'expliquait les mystères qu'à ceux qui, aux premiers jours du carême, se faisaient enregistrer pour être baptisés à Pâques ; ceux-là seuls entendaient parler aussi des cérémonies du baptême : il y avait même des rituels qu'on leur faisait lire à cette occasion, et qu'ils transcrivaient pour les mieux graver dans leur mémoire. Cyrille en parle souvent dans ses catéchèses [1].

[1] *Les Catéchèses* de saint Cyrille de Jérusalem, avec des notes

Les premiers jours, on entretenait les aspirants au baptême de la grâce de ce sacrement; on leur parlait aussi de la pénitence. Dans la suite, les principaux articles de la foi leur étaient expliqués; mais ce n'était que plus tard qu'on leur faisait connaître l'esprit de la doctrine chrétienne, et les conséquences qui se tirent du symbole pour les mystères de la Trinité et de l'Incarnation.

Enfin, quand ils étaient sur le point de recevoir, selon l'usage du temps, le baptême, la confirmation et l'eucharistie, il leur était parlé à fond des sacrements et des dispositions nécessaires pour en approcher.

Dans certaines homélies, dans celles qui n'étaient prononcées que devant les initiés, les Pères parlaient en termes clairs des mystères; dans celles qui se débitaient devant tout le peuple, c'est-à-dire devant les fidèles et les païens mêlés, ils n'en parlaient qu'à mots couverts, avec beaucoup de retenue et de précaution. En général, ces homélies sont exclusivement morales, comme les instructions faites aux catéchumènes du premier degré [1]. La réserve allait si loin, que

et des dissertations dogmatiques, par M J. Grancolas, docteur en théologie de la Faculté de Paris. Paris, 1715.

[1] Les anciennes liturgies grecques et syriennes, celles de Ar-

ceux-ci avaient leur messe particulière ; elle différait de la messe des fidèles en ce qu'elle s'arrêtait au *Credo*. Le diacre alors faisait sortir les catéchumènes ; il leur était interdit d'assister à la célébration du sacrifice et d'en voir les cérémonies. Saint Chrysostome dit positivement : « Nous empêchons d'assister à nos mystères ceux qui ne sont pas initiés. » Il n'y a rien de si commun dans saint Augustin, lorsqu'il veut discourir des mystères, que cette parole : « Les fidèles entendent bien ce que nous disons ; les initiés nous comprennent » : et c'est pour cela qu'il appelle l'eucharistie une manne cachée.

Ces réticences systématiques, ces méfiances prudentes, ont dû singulièrement gêner l'éloquence, et par suite la rhétorique.

Enfin, même quand les catéchistes parlaient clairement, ils se bornaient le plus souvent à paraphraser les textes sacrés, ils retranchaient les questions incidentes, ne relevant que les difficultés qui naissaient des entrailles mêmes de leur sujet.

méniens, des Égyptiens et des Mozarabes plus tard, ne disent pas que la prédication se fît pendant la messe.

Pour plus de détails, on n'a qu'à consulter l'ouvrage intitulé : *De la Liturgie sacrée*, composé par Gilbert Grimaud, vu et approuvé en Sorbonne par la Faculté de théologie. Lyon, 1666.

Si nous examinons l'esprit de ces instructions lorsqu'elles s'adressaient aux nouveaux initiés durant les octaves de Pâques, que voyons-nous? Saint Cyrille, dans ses *Catéchèses mystagogiques*, leur faisait sentir vivement l'importance des vœux qu'ils ont prononcés lors de leur baptême : il leur répète ce qu'il leur avait dit des sacrements, et en développe la doctrine et le sens mystique avec encore plus d'étendue qu'auparavant.

On le voit donc, il y avait pour l'enseignement de la foi une sorte de méthode traditionnelle; sa nature même excluait les ornements de l'éloquence, et jusqu'ici les préceptes de saint Paul sont suivis à la lettre.

Peut-être, dans les discussions contre les hérétiques, les Pères déploieront-ils toute leur éloquence, et pourrons-nous y surprendre une rhétorique générale et pour ainsi dire chrétienne.

L'Eglise laissait les hérésies venir à elle, en ce sens qu'elle n'y répondait que lorsqu'elle se sentait sérieusement attaquée : alors seulement elle comptait avec elles. Plus l'erreur avait eu le temps de se développer, plus le triomphe était éclatant. C'est ainsi que les hérésies servirent le catholicisme, qui, grâce à elles, ne déploya toute sa force intérieure et ne porta tous ses fruits que successivement. « L'Église, comme dit Bossuet, « les a vues s'élever selon les prédictions de Jésus-« Christ, les a vues tomber toutes selon les mêmes « prédictions, quoique souvent soutenues par les « empereurs et par les rois. Ses véritables enfants « ont été reconnus par cette preuve; la vérité n'a « fait que se fortifier quand elle a été contestée, « et l'Eglise est demeurée inébranlable [1]. »

Rappelons aussi que, dans l'insurrection primitive du christianisme contre le polythéisme, il y avait eu bien des points qui n'avaient été qu'affirmés et non développés. Il ne faut pas juger de cette lutte par celle qui, plus tard, éclata entre les diverses sectes d'une même religion : c'était une dispute non d'opinion à opinion, mais d'un corps de religion contre un autre corps de religion; ce n'était pas un combat d'homme à homme, où chacun est obligé d'attaquer et de se défendre, mais d'armée contre armée, où la plupart demeurent sans rien faire : c'est-à-dire que, dans cette dispute, il y avait une infinité de questions qui furent étouffées, et dont on ne parle point; les païens se contentèrent d'attaquer la religion chré-

[1] Bossuet, *Discours sur l'histoire universelle,* 2e partie, chap. 21.

tienne en gros, tâchant d'en ébranler les fondements, en faisant passer tous les dogmes chrétiens pour des fables, tandis que les chrétiens, satisfaits de défendre les points attaqués, ne songeaient pas à prévenir les objections.

Aussi, quand le christianisme fut devenu religion d'Etat, les hérésies se multiplièrent; mais le paganisme venait à peine de finir, son esprit vivait encore : c'était surtout de ce côté que durent se tourner les préoccupations de l'Eglise. Quand il lui fallait répondre à l'hérésie, elle se retranchait derrière ses conciles, se reposant sur la puissance collective de l'unité catholique; toujours sur la défensive, elle ne demandait pas à la rhétorique une éloquence savante et passionnée, dont elle ne faisait usage que dans quelques rares circonstances.

Si nous avions le récit des luttes soutenues par les docteurs des trois premiers siècles contre les hérésiarques, peut-être notre opinion serait-elle modifiée; mais les décisions seules des conciles nous apprennent qu'il y eut des hérésies : nous n'en avons pas la polémique, comme nous avons celle de saint Athanase et de saint Augustin contre l'arianisme et le donatisme. Si pourtant il est légitime de conclure des controversistes que nous avons à ceux qui les ont précédés, on reconnaîtra, avec l'auteur de la *Perpétuité de la foi*, que, contre les hérésiarques, la dialectique des Pères s'appuie surtout sur le dogme; ils le pressent en tout sens, le retournent sous toutes ses formes; et, s'ils ont toute l'éloquence d'une foi opiniâtre, il n'en est pas moins presque impossible d'assigner une méthode certaine à des procédés qui variaient à l'infini, car il fallait parler différemment à chaque hérétique en particulier; et même cette diversité d'expressions a donné sujet à quelques modernes d'abandonner sur certaines questions les Pères plus anciens que le concile de Nicée.

« On peut croire, dit Arnaud, qu'il leur échap« pait dans la chaleur de la dispute bien des « choses qu'ils auraient pu exprimer avec plus « de précision; et souvent, dans le choix des « arguments, ils ont abandonné les plus solides « pour en prendre qui paraissent subtils : ils sont « trop pleins de leur sujet... Souvent ils s'échap« pent comme des fleuves qui n'ont pas de lit « assuré, et qui débordent partout où ils trouvent « un penchant : les Pères grecs eux-mêmes ne « s'attachent point assez au choix des mots et des « termes, ni à la solidité des raisonnements. »

Ce défaut était moins celui des Pères que du génie grec, qui a toujours été subtil, même dans les beaux jours de l'éloquence antique.

Mais je parle des Pères grecs qui les premiers montèrent sur la brèche pour défendre la foi; je leur demande une méthode : nous voilà bien loin de saint Paul. Le christianisme a déjà fait bien du chemin, il a conquis le monde ancien; et cette Athènes qui l'avait raillé est maintenant chrétienne autant qu'Athènes pouvait l'être.

Je ne transcrirai pas ici le vif et saisissant tableau d'Athènes, tracé par l'illustre auteur de l'*Essai sur l'éloquence chrétienne au quatrième siècle*. Je désire pourtant qu'on se rappelle que le passé y était encore tout vivace à côté du présent : l'esprit philosophique et l'esprit religieux s'y rencontraient et luttaient paisiblement. Si l'on voyait dans l'Académie saint Basile et Grégoire de Nazianze, qui devaient remplacer les apôtres dans la prédication évangélique, non loin d'eux on pouvait rencontrer Julien, l'élève des rhéteurs, l'espoir du polythéisme rajeuni : car, pour garder quelque domination, le vieux dogme avait dû prendre le manteau de la philosophie; mais les deux esprits en se combattant s'étaient rapprochés, et en se rapprochant s'étaient fait des emprunts, des larcins, si l'on veut.

Le platonisme, de sa lutte avec la religion chrétienne, rapportait une vigueur et une sève toute nouvelle : sa morale y deviendra spiritualiste jusqu'au mysticisme. Le christianisme, de son côté, contracta certaines habitudes philosophiques : et bientôt l'esprit de méthode se montrera dans les traités de saint Basile, dans son *Hexaeméron,* par exemple.

Cette méthode était devenue nécessaire : il ne s'agissait plus seulement de surprendre, d'étonner la multitude par une foi ardente et capable de tout. Devenu religion d'Etat, le christianisme avait à défendre sa puissance contre des philosophes obstinés, auxquels il fallait donner des raisons ; ou contre des hérétiques qui ne se reconnaissaient point volontiers coupables d'erreur ou de mensonge. Ce sera la tâche des grands docteurs de l'Eglise grecque. Dans leur commerce avec la philosophie, ils avaient puisé la dialectique ; celle-ci les conduisit à l'éloquence. Le fondateur de l'Académie, Platon, avait été le plus éloquent des orateurs, le plus habile des rhéteurs, et pourtant l'ennemi acharné de la rhétorique.

Les Pères grecs reprirent ses traditions. Était-ce la conséquence de leur admiration pour Platon? était-ce une habitude prise par l'esprit chrétien depuis saint Paul, et passée à l'état de principe? Quoi qu'il en soit, tous affectent de dédaigner l'éloquence et la rhétorique : et cependant on en sent l'influence à chaque instant dans leurs ouvrages.

Saint Grégoire n'a pas un mot pour elles; saint Basile les place dans une énumération de vanités auxquelles le chrétien doit renoncer : « La jeunesse, dit-il, passe plus vite que les fleurs « du printemps, les richesses sont trompeuses, « la gloire est inconstante, et l'éloquence, pour « qui tous les hommes ont tant d'estime, n'est « qu'un amusement de l'oreille. »

Saint Jean Chrysostome lui-même insulte presque à l'éloquence. Après avoir dit qu'elle est fille du travail et non de l'instinct, que le talent oratoire est ce qu'il y a de plus rare au monde, il ajoute qu'elle ne convient ni au philosophe, ni au chrétien : « Elle est bonne tout au plus pour les jeunes gens[1] », dit-il; et il rappelle avec éloge les discours que Platon met contre elle dans la bouche de Socrate. La vraie éloquence, selon

[1] Saint Jean Chrysostome, tome I. Édition de Montfaucon.

lui, c'est la crainte de Dieu : l'éloquence purement mondaine ne mérite que le mépris. Saint Ambroise, dans un *Traité sur les devoirs du prêtre,* ne dit rien non plus de l'éloquence ni de la rhétorique qui conviennent au prédicateur.

Ne semble-t-il pas cependant que le seul titre d'un ouvrage où Cicéron est imité à chaque instant aurait dû lui remettre en mémoire les grandes questions qu'il négligeait?

Nous touchons au siècle de saint Augustin. Le christianisme depuis longtemps a des orateurs; mais, fidèle à son esprit primitif, aux traditions du platonisme qu'il s'est assimilé, il semble mépriser la rhétorique. On peut même craindre qu'il ne l'accepte jamais avec le cortége de ses artifices. Mais il faut que tout grand système religieux ou politique produise sa rhétorique : le nouveau culte ne manquera pas à cette loi. L'Église d'Occident, avec son génie plus simple, plus pratique, et, s'il faut tout dire, plus juste que celui de l'Eglise grecque, aura l'honneur de compter parmi ses docteurs celui qui doit créer la rhétorique sacrée.

CHAPITRE II.

ÉTAT MORAL ET INTELLECTUEL
DE L'AFRIQUE
AU QUATRIÈME SIÈCLE

CHAPITRE II.

ÉTAT MORAL ET INTELLECTUEL DE L'AFRIQUE AU QUATRIÈME SIÈCLE.

Avant d'exposer les doctrines oratoires de saint Augustin, il n'est pas inutile de montrer quelle était cette société africo-romaine sur laquelle le grand évêque devait les essayer.

Un écrivain éminent a laissé quelques pages achevées, où il met sous nos yeux cette seconde Rome qui s'appelait Carthage ; il a peint à grands traits ce luxe imité, cette élégance copiée, qui n'étaient que les dehors de la civilisation et qui n'ôtaient aux Africains ni leurs instincts sauvages, ni leurs passions exaltées. Il n'entrait pas dans son cadre de montrer les détails qui remplissent au quatrième siècle la vie de cette société singulière, aussi vieille, aussi corrompue que celle dont elle n'était que le reflet. Je vais essayer de remplir le cadre tracé par l'auteur de l'*Essai sur l'éloquence chrétienne au quatrième siècle.* Nous comprendrons mieux comment le christianisme même, interprété et développé par Augustin, fut aussi impuissant à sauver les Romains d'Afrique que le génie des grands docteurs grecs et latins l'avait été à défendre ceux d'Europe.

La Correspondance d'Augustin[1] nous fournira les principaux traits de cette courte esquisse ; à son défaut nous entendrons les terribles dépositions d'un autre contemporain, Salvien, l'éloquent prêtre de Marseille.

En Afrique, pas plus qu'en Europe, le pouvoir politique ne savait protéger les peuples contre la misère et contre l'invasion. La grandeur morale ne lui manquait pas moins que la force ; aussi

[1] En parlant des *Confessions de saint Augustin*, M. Saint-Marc-Girardin remarque que les livres qu'on lisait le plus autrefois, sont ceux qui se lisent le moins aujourd'hui. Cette réflexion s'applique aussi à la Correspondance de notre saint. La traduction qu'en donna Dubois fut imprimée six fois dans l'espace de cinquante ans; et alors une nouvelle édition n'était pas une spéculation des libraires sur la crédulité d'un public naïf. Il est juste de dire que le jansénisme contribua beaucoup à ce succès. Aussi, dans toutes les vieilles bibliothèques de famille, on les retrouve à côté des *Sermons de saint Augustin*, paraphrasés par Arnaud, et des *Confessions* mises en français par Arnauld d'Andilly.

l'opinion ne le respectait plus, et il se vengeait par la violence et l'illégalité, cette ressource de tous les gouvernements faibles.

L'Afrique[1] était administrée par un comte délégué de l'empereur; presque toujours ce comte se révoltait, parce qu'il sentait bien que celui dont il était le mandataire n'avait ni le temps ni la force de le punir. C'est ainsi qu'en 413, sous Honorius, le comte Hérachen, l'assassin de Stilicon, osait attaquer Rome elle-même, parce qu'il avait une flotte de plus de 3,000 vaisseaux; il fut défait en Italie par le comte Marin, et exécuté à Carthage, où il s'était enfui. Marin le remplaça, pour être supplanté lui aussi, un peu plus tard, par le comte Boniface, dont la révolte devait amener les Vandales en Afrique.

Ces lieutenants de l'empereur, indépendants de lui en fait, sinon en droit, se sentant faibles dans un pays où ils n'étaient après tout que les agents d'une tyrannie exigeante et cupide, tâchaient de se faire craindre, ne pouvant se faire aimer; pour cela, ils se mettaient au-dessus de toutes les lois, et s'arrogeaient un pouvoir dis-

[1] Voir, pour bien connaître l'administration romaine en Afrique, les études intéressantes que M. Saint-Marc-Girardin a publiées sur ce sujet dans la *Revue des Deux-Mondes*.

crétionnaire ; les agents subalternes ne se faisaient pas faute d'imiter des violences dont l'exemple leur venait d'en haut ; aussi, quand il fallait retenir une autorité qui diminuait chaque jour et passait aux évêques, les coups d'État ne leur coûtaient guère, ils avaient alors des accès de despotisme qui surprennent dans une civilisation aussi avancée que celle du quatrième siècle.

En voici un trait remarquable.

Le comte Marin, que j'ai nommé plus haut, vainqueur d'Hérachen, avait été chargé de faire exécuter l'édit qui condamnait à mort tous les complices de l'ancien comte. Les donatistes allèrent le trouver, et lui demandèrent, en la payant d'avance, à ce que dit Paul Orose [1], la tête du tribun Marcellin. Ce tribun avait présidé avec fermeté la conférence solennelle où les donatistes avaient été condamnés ; dès-lors il était devenu l'ami d'Augustin. Le comte accepte le marché, il s'engage à le faire mourir, comme partisan d'Héraclien [2]. Marcellin avait un frère nommé Apringius ; ils sont arrêtés tous les deux, et jetés dans un cachot à Carthage. Le parti catholique,

[1] Paul-Orose, liv. VII, chap. XLII.
[2] Saint Augustin, lett. CLI, édit. des Bénédictins.

dont Marcellin était le chef, s'émeut; les fidèles, se croyant tous menacés, se réfugient aux pieds des autels. Le comte Marin n'est point ébranlé par cette résistance de l'opinion. Les évêques ne voulaient pas s'adresser directement à lui, parce qu'ils savaient bien que ce serait en vain; ou, peut-être, parce qu'ils ne voulaient pas s'humilier devant l'autorité temporelle. Ils parlèrent d'en appeler à l'empereur. Marin leur laissa croire que les deux prisonniers seraient respectés jusqu'à ce que la décision impériale fût connue. Un évêque partit pour l'Italie; tout-à-coup les catholiques apprennent avec stupeur que Marcellin et son frère ont été mis à mort. Le comte, craignant le résultat de l'intercession des évêques, les avait fait exécuter en secret.

Un acte aussi scandaleux montre assez ce qu'était alors le pouvoir politique, et quel cas l'autorité faisait de la justice et de l'opinion publique. Mais nous pouvons aussi juger par là combien les agents du pouvoir exécutif redoutaient l'influence morale des évêques; ce n'était pas sans raison. Plus d'un passage des lettres de saint Augustin fait voir comment l'Église, en s'attribuant le droit d'intercession en faveur des coupables, envahit à petit bruit les fonctions judiciaires. Souvent aussi, disons-le, elles lui étaient dévolues par le consentement des fidèles. Le pouvoir temporel tâchait de résister à ces empiétements, mais ses efforts étaient inutiles : nous avons à ce sujet les confidences naïves de saint Augustin lui-même.

En 414, Macédonius, vicaire d'Afrique, lui écrivit une lettre que nous ne connaissons que par la réponse dont voici quelques extraits :

« Vous demandez, dit saint Augustin, pourquoi « nous croyons si bien qu'il est de notre devoir « d'intercéder pour les criminels ; que nous « sommes blessés quand nous n'obtenons pas « leur grâce, comme si nos droits étaient mé- « connus. »

Il est impossible d'articuler plus nettement ses prétentions ; mais l'évêque ne s'arrête pas là.

« Vous dites, poursuit-il, que vous avez peine « à croire que la religion nous y autorise ; car, « selon vous, puisque Dieu défend si sévèrement « le péché qu'on n'est plus reçu à la pénitence « passé la première fois, ce n'est pas la religion « qui nous donne le droit d'exiger le pardon de « quelque crime que ce soit ; vous allez plus « loin : vous dites que c'est approuver le crime « que de ne pas vouloir qu'on le punisse ; et si

« ceux qui l'approuvent sont aussi coupables que « ceux qui les conseillent, on peut dire que nous « y participons toutes les fois que nous tâchons « de procurer l'impunité aux coupables. »

L'auteur de ces puissantes objections était pourtant un chrétien pieux et docile, qui méritait que son illustre correspondant lui répondît en détail ainsi qu'il le fit.

Augustin lui répond qu'il a vu dans sa lettre un souhait, un avis, mais non une décision ; nul doute pourtant qu'il n'ait parfaitement compris la mauvaise humeur qui perce sous les paroles du magistrat, lequel s'étonne des prétentions envahissantes des évêques.

L'évêque soutient au nom de la philosophie et de la religion que la peine de mort n'est bonne ni pour la société qui l'inflige, ni pour le coupable qui en est frappé ; elle ne laisse pas au criminel le temps de s'amender, car l'amendement n'a lieu que dans cette vie ; et dans l'autre, chacun demeure chargé des iniquités qu'il remporte de celle-ci : c'est la charité des évêques qui les oblige à intercéder pour les criminels, dans la crainte, dit-il, que du supplice qui finit avec leur vie, ils ne tombent dans un supplice éternel.

Les adversaires de la peine de mort n'ont rien

trouvé de plus fort dans les temps modernes.

De ce droit d'intercession à celui de rendre justice, il n'y avait qu'un pas; il fut franchi; car il est bien constant que les évêques, au temps d'Augustin, jugeaient une foule d'affaires qui auraient dû ressortir des tribunaux; et ce n'est pas sans raison qu'Augustin disait dans une de ses lettres : « Les fidèles nous appellent les saints et « les serviteurs de Dieu, *lorsqu'ils recourent à « nous pour faire juger leurs affaires temporelles « qui se débattent devant nous tous les jours.* »

Souvent, en effet, les pauvres devaient recourir à eux contre les exigences fiscales des administrateurs romains ou municipaux. Chaque fois qu'arrivait un délégué de l'empire, ou, ce qui correspond peut-être au titre de chargé d'affaires, un épistolaire recommandé à quelque personne marquante, c'était, dit énergiquement Salvien, la ruine du pauvre peuple; car il fallait des présents, et pour les faire, on levait de nouvelles taxes : les puissants votaient, les pauvres payaient. Pourtant alors la misère était bien grande dans l'empire : la gêne du fisc et la pénurie étaient telles que plusieurs villes avaient dû renoncer à leurs spectacles et à leur cirque; et cependant les plaisirs du théâtre paraissaient devenus indispensables à ces populations qui avaient besoin de s'étourdir. Le mot de l'historien qui disait : LE PEUPLE ROMAIN RIT ET MEURT, n'était que trop vrai. Mais souvent la détresse l'emportait sur les habitudes le plus solidement enracinées.

On conçoit que les évêques ont, plus d'une fois, dû intervenir entre le fisc et les pauvres contribuables ; s'ils échouaient, l'Église ouvrait ses monastères pour recueillir les petits propriétaires dépossédés, quand ils n'étaient pas allés, selon l'expression de Montesquieu[1], demander asile aux Barbares contre les exactions des traitants, ou donner leur liberté au premier qui voulait la prendre ; ou bien encore, elle usait pour eux de son droit d'asile. Un pareil rôle lui donnait nécessairement une influence considérable.

Mais cette puissance morale ne tombait pas toujours entre des mains dignes d'en bien user. Alors déjà, pour quelques-uns, le sacerdoce était l'objet d'une convoitise toute mondaine, parce qu'il donnait l'autorité et le crédit.

« Il n'y a rien de plus agréable, et surtout en

[1] Montesquieu, *Grand. et Décad.*, XVIII. Voir Salvien et plusieurs lois du Code et du Digeste.

« ce temps-ci, écrivait Augustin, vers l'an 391, « en déclinant l'honneur de l'épiscopat, que les « dignités d'évêque, de prêtre et de diacre ; il n'y « a rien qui soit plus doux et plus aisé que d'en « remplir les fonctions, quand on le fait sans « conscience ou dans un esprit d'adulation. »

Dans un ouvrage qui offre le tableau fidèle de l'état normal du christianisme à cette époque, dans son livre des mœurs de l'Église catholique, Augustin s'écrie avec douleur : « Je sais qu'il y en a beaucoup qui ont renoncé de vive voix au monde, et qui souhaitent néanmoins qu'on les charge de tout le faix des soins et des affaires du monde. »

Souvent les clercs, si l'on en croit un autre témoin, vivaient de telle sorte qu'ils semblaient moins avoir fait pénitence de leurs crimes, que se repentir de leur pénitence elle-même. La foi ne calmait pas toujours les ardeurs de l'ambition, et plusieurs, dit Salvien, après avoir reçu le nom de pénitent, achetaient de hautes dignités qu'ils ne possédaient point avant leur conversion ; ils voulaient à-la-fois être séculiers et clercs.

La religion s'écartait déjà de ses voies primitives ; cela était nécessaire. A l'époque où nous sommes parvenus, le christianisme n'était plus seulement la réunion de quelques âmes d'élite, que le dégoût d'une religion sans morale et sans grandeur jetait dans la foi. A mesure qu'il s'étendait, sa pureté s'altérait comme un fleuve qui, en s'éloignant de sa source et en s'élargissant, entraîne dans son cours les débris des bords qu'il fertilise, les immondices des villes qu'il traverse. La régénération morale d'un monde ne pouvait d'ailleurs être l'œuvre ni d'un jour ni d'une année, ni même d'un siècle. Les idées, les habitudes du paganisme survivaient longtemps, dans le cœur des nouveaux convertis, à la cérémonie qui les faisait chrétiens. Le passé luttait avec l'avenir, et trop souvent il était le plus fort. L'esprit ancien vivait encore. Salvien écrit son livre du Gouvernement de Dieu, pour les chrétiens qui conservent encore des restes de l'incrédulité païenne, et qui préfèrent au dogme chrétien, les opinions que des sages du paganisme, *admis, peut-être,* dit l'auteur, *au nombre des élus*, ont adoptées sur la Providence. Les institutions avaient été faites pour une autre société; elles convenaient trop bien au caractère superstitieux et crédule des Romains, pour que le nouveau culte ne ressentît pas un peu leur influence[1].

[1] Salvien, *du Gouvernement de Dieu,* passim.

Ainsi, au cinquième siècle, les consuls nourrissaient encore des poulets sacrés; on tirait encore des augures du vol des oiseaux.

Les Carthaginois, au quatrième siècle, adoraient encore cette déesse Céleste qu'ils regardaient comme le génie tutélaire de l'Afrique; Salvien dit que beaucoup de chrétiens lui offraient leurs hommages en sortant de l'église, ou même avant d'y aller. « En est-il qui ne se soit « pas présenté sur le seuil de la maison divine « respirant encore l'odeur des sacrifices impurs, « et qui ne soit pas monté à l'autel du Christ avec « l'infection des idoles? »

Ainsi, on voyait encore toutes les superstitions que les César et les Cicéron trouvaient déjà frivoles ou ridicules; le nom du Christ avait remplacé celui de Jupiter; c'était par le nouveau dieu que bien des convertis juraient naïvement d'enlever à leurs ennemis leur bien, leur honneur ou leur vie.

Partout où la misère ne s'y opposait pas, les combats de gladiateurs se continuaient sanglants et féroces comme au temps de Néron. J'ai déjà parlé de la passion des spectacles; saint Augustin la poursuit à outrance dans ses écrits et dans ses sermons. L'Afrique n'était pas le seul pays où le christianisme fût impuissant à en triompher. Dans les Gaules, elle était plus vivace que jamais; et ce que l'on ne croirait pas, si la sainte colère de Salvien ne l'attestait trop évidemment pour qu'on en pût douter, c'est qu'en 445, Trèves, prise et saccagée pour la quatrième fois, ne trouvait rien autre chose à obtenir de la munificence impériale que le droit de rouvrir son théâtre et son cirque, afin de recommencer les jeux interrompus par l'invasion.

Les évêques se plaignaient que, les jours de spectacle, l'église restât déserte. « Nous laissons le Christ et l'autel, dit un témoin oculaire, pour repaître nos yeux adultères de l'aspect impur des honteux spectacles. »

Malgré leurs éloquentes protestations, le peuple retournait toujours à son plaisir favori, et les Barbares eux-mêmes ne pouvaient l'en distraire. Les Vandales faisaient retentir leurs cris autour des murs de Carthage, et Carthage était réunie dans son cirque, assistant aux jeux. Ces funestes traditions n'étaient pas les seules contre lesquelles l'Église eût à s'élever. Saint Augustin, dans son Traité des mœurs de l'Église catholique[1],

[1] *Mœurs de l'Église catholique*, ch. XXXIV, traduct. d'Ant. Arnauld. OEuvres de Arnauld, tom. XI, édit. de Lausanne, 1778.

montre bien que, sous la nouvelle loi, les populations n'étaient pas moins corrompues ni moins superstitieuses que sous l'empire des faux dieux.

Écoutons ses tristes confidences : « Ne m'ob-« jectez pas, dit-il, les vices de ceux qui font pro-« fession ouverte de la foi chrétienne et qui n'en « savent pas les obligations ou n'y satisfont pas; « n'alléguez pas les erreurs et les dérèglements « d'une multitude ignorante qui, dans la vraie « religion, ne cesse pas d'être superstitieuse, ou « qui s'est tellement plongée dans les voluptés, « qu'elle ne se souvient plus de tout ce qu'elle a « promis à Dieu.

« Je sais qu'il y en a beaucoup qui adorent des « tombeaux et des peintures; d'autres boivent, « pour honorer les saints, jusqu'à l'ivresse la plus « complète. En donnant à manger aux morts, ils « s'ensevelissent eux-mêmes sur ceux qui sont « ensevelis, et ils croient que ces actions disso-« lues et honteuses sont des actes de religion ! « Ne vous étonnez pas, dans une si grande mul-« titude, de trouver des gens qui vivent mal. »

Salvien va plus loin encore : il ne craint pas de déclarer que les Barbares hérétiques l'emportent en moralité et en pureté sur la plupart des chrétiens de l'empire romain. Cette idée remplit son livre du Gouvernement de Dieu ; elle en fait toute l'originalité. On doit la trouver d'autant plus remarquable, qu'un siècle après, en haine des Visigoths ariens, la cour de Rome devait lancer sur la Gaule méridionale les bandes des guerriers francks, et témoigner ainsi que l'idolâtrie lui faisait moins peur que l'hérésie.

C'est qu'en effet celle-ci savait profiter de toutes les fautes du clergé catholique, et même de celles qu'il ne commettait pas. Elle attribuait au catholicisme tous ces désordres contre lesquels il ne pouvait rien ; et mille sectes tâchaient, particulièrement en Afrique, de lui enlever l'empire de ces consciences mobiles et indécises. En premier lieu venaient les manichéens ; c'étaient eux qui faisaient la plus rude concurrence. Dans les moindres bourgades, il y avait un docteur manichéen, un évêque donatiste et un évêque catholique. Remarquons en passant que les hérésies les plus dissidentes avaient grand soin de copier, autant que possible, l'esprit et la hiérarchie catholique. Julien lui-même, dans l'impuissante restauration qu'il rêva pour le paganisme, rendit un glorieux témoignage à la religion chrétienne, en essayant de rapprocher l'ancien dogme du nouveau culte : le caractère même de sa persécution est un hommage à l'esprit chrétien. Entre toutes les sectes rivales, le donatisme et le manichéisme se distinguaient par une organisation plus régulière et plus systématique; elles étaient aussi les plus puissantes; elles avaient même leurs temples, que les décrets des empereurs allaient bientôt rendre aux catholiques. Les manichéens n'étaient peut-être que des platoniciens qui exagéraient les doctrines du maître; leurs assemblées étaient calmes et paisibles, et rien ne s'y passait qui fût contraire aux lois et à l'ordre public. Les donatistes, au contraire, étaient des religionnaires exaltés et fanatiques.

Je ne m'étendrai pas sur les origines de cette secte qui convenait si bien à la dureté exclusive et passionnée du génie africain. Aussi résista-t-elle longtemps aux édits, puis aux persécutions dirigées contre elle par ordre des empereurs[1],

[1] Voyez, *Code Théodosien,* livre 38, l'édit d'Union promulgué en 407 par Honorius :

Nemo manichœum, nemo donatistam, qui præcipue, ut comperimus, furere non desinunt, in memoriam revocet.... Quod si quis audeat interdictis illicitisque miscere, et præteritorum innumerabilium constitutorum, et legis nuper a nostrâ mansuetudine prolatæ, laqueos non evadat, et si turbæ convenerint, seditionis concitatos aculeos acrioris commotionis non dubitet exserendos.

Ce précédent est du 12 février 405; il avait été fait à Ravennes sous le consulat de Stilicon et d'Anthémius.

et qu'une haine aveugle attribua faussement, sous le nom de persécution macarienne, aux instances des évêques.

Sous Julien, tous les hérétiques avaient obtenu la liberté de conscience. Aussi, à l'époque où nous sommes, chacune des doctrines dissidentes avait reçu tous ses développements. Les donatistes passaient souvent de la théorie à la pratique, et alors ils se réunissaient aux circoncellions. Ceux-ci, sous le prétexte de la religion, prêtaient l'appui d'une cruauté sanguinaire à tout ce qui pouvait ruiner, en Afrique, la faible domination des empereurs.

Mais à cette époque singulière, où l'on était fou de théologie, sans doute parce qu'elle entretenait de l'avenir ces âmes dégoûtées du présent, ce n'était pas l'hérésie qui faisait grand tort au catholicisme. La vaine résistance de quelques philosophes qui le poursuivaient de leurs objections, comme si l'autorité morale et la force matérielle n'eussent pas été de son côté, ne devait pas non plus l'effrayer fort sérieusement.

Ses vrais et redoutables ennemis, c'étaient les chrétiens qui exageraient la piété, et qui, au grand mécontentement des bons esprits, la surchargeaient de pratiques inutiles.

L'indiscrétion d'un zèle qui ne pouvait que compromettre la foi excite souvent la colère de saint Augustin ; elle éclate en maints endroits de ses lettres. Ainsi il s'emporte contre une dissertation qui lui venait de Rome [1], et dans laquelle l'auteur voulait prouver qu'on était tenu de jeûner le samedi ; il rappelle ce fougueux catholique au bon sens, à la pratique reçue, et enfin à l'Évangile, qui recommande en toute chose l'esprit de paix et de simplicité.

Ailleurs nous voyons qu'un fidèle, nommé Classicianus, encourait l'excommunication pour avoir arrêté dans l'église, en vertu de sa charge, un banqueroutier qui était allé y chercher asile. L'évêque alla plus loin : toute la famille de Classicianus fut enveloppée dans l'anathème qui l'avait frappé. La protestation énergique d'Augustin contre cet abus du pouvoir religieux lui fait honneur sans doute, mais il n'en demeure pas moins constant qu'alors déjà le clergé se plaçait au-dessus des lois; c'était les anéantir tout-à-fait dans un temps où elles n'étaient déjà que trop impuissantes au milieu de la désorganisation sociale. Ces excès blessaient l'autorité ; ils irritaient

[1] Lettre 36e, à Casulanus, prêtre, écrite vers l'an 396.

bien plus encore ceux qui en étaient victimes. Souvent il arriva que les nouveaux chrétiens renoncèrent à leur foi, en haine du joug trop lourd que leur imposait l'Église, soit directement, soit par l'intermédiaire des femmes. Son esprit se faisait quelquefois sentir d'une manière fâcheuse dans les affaires de la famille. Les femmes exagéraient le zèle de leur piété, et leur indiscrétion dégoûtait leurs maris ou leurs proches de la religion qui les avait inspirées.

Mainte fois Augustin dut intervenir dans des circonstances fort délicates. Voici un témoignage de cette ferveur emportée qu'il blâmait.

Une certaine Ecdicia, à l'insu de son mari, avait donné tout son bien aux pauvres et pris l'habit de veuve, quoiqu'elle vécût déjà en continence, comme parle l'écrivain sacré. Augustin lui adresse de sévères reproches : sa lettre est une des plus curieuses de sa correspondance ; aucune ne montre mieux avec quelle réserve une piété intelligente accueillait le zèle des fidèles.

Il réprimande Ecdicia d'avoir, par sa dévotion chagrine, forcé son mari à quitter sa maison : le parti de la continence entre personnes mariées, dit-il, ne se doit prendre que du consentement des deux, et il cite en entier les paroles de saint

Paul à ce sujet; il les commente en détail, et insiste avec une remarquable chasteté d'expression sur la complaisance que les femmes doivent à leur mari. L'âge ne les en dispense point; il poursuit et déclare qu'elles ne peuvent disposer de rien sans le consentement de leur mari ; il va même jusqu'à justifier le mari d'Ecdicia d'avoir manqué à son vœu de continence, puisque sa femme lui avait prouvé qu'elle ne l'aimait point en donnant tout son bien [1]. Il ne ménage pas les moines qui n'avaient pas peu contribué à cette spoliation, et termine en la conjurant, au nom de son enfant, de se réconcilier avec son mari, afin de le ramener par sa soumission et sa douceur.

J'ai insisté sur cette lettre de direction, qui nous montre le christianisme dans la famille. La

[1] Saint Augustin ne semble pas avoir pour la vie monastique une admiration bien profonde. Son traité sur les occupations des moines nous semble en quelques endroits légèrement satirique. Dans une lettre à un évêque, il l'exhorte à ne pas permettre qu'un moine sorte du couvent pour devenir clerc. « Nous n'avons que trop de « peine, dit-il, à faire d'un très-bon moine un assez bon clerc. » Il est vrai de dire, qu'en général, c'étaient les moins édifiants qui étaient tentés de quitter le monastère pour arriver aux honneurs ecclésiastiques.

Il ne faut pas oublier non plus que le monastère était le refuge ouvert à tous les affranchis, à tous les pauvres, à tous les esclaves que leurs maîtres ne pouvaient nourrir.

femme relevée, ennoblie dans la nouvelle religion, la pratiquait volontiers par le cœur et par les œuvres; parfois même, nous l'avons vu, elle l'exagérait.

Souvent le mari n'était chrétien que de nom. Son intérêt était-il froissé, son amour-propre humilié, il maudissait ce culte qui, selon lui, rendait sa femme altière, orgueilleuse, et qui, pour surcroît, imposait à son égoïsme des sacrifices et des abnégations. Mais entre les mains de la mère, les enfants prenaient un autre esprit; la pratique chrétienne leur était plus facile, et ainsi la religion triomphait dans les générations auxquelles appartenait l'avenir.

Les lettres de saint Augustin et aussi celles de saint Jérôme nous montrent l'Église conviant les femmes à l'étude des livres sacrés. Le second, en donnant à Læta des conseils pour l'éducation de sa fille, veut que l'enfant, au lieu d'aimer les pierreries et les étoffes de soie, s'habitue aux saintes Écritures... Il lui trace même le plan d'un cours gradué de théologie; il adresse les mêmes conseils à Gaudentius pour sa fille Pacatula; dans l'éloge de Marcella, cette noble femme est louée pour le zèle incroyable avec lequel elle étudie les divines Écritures.

Les femmes répondaient avec enthousiasme à cet appel des directeurs, et leur curiosité éveillée sur maints détails de pratique ou de dogme adressait aux évêques questions sur questions.

Mais dans cet empressement naïf qu'on mettait de tous côtés à s'enquérir de la foi nouvelle, aucun problème, si étrange fût-il, ne devait surprendre ou rebuter les docteurs de ce siècle subtil.

Tout ce que nous avons dit plus haut prouve, il est vrai, que, pour beaucoup, cette curiosité était purement spéculative. Quand, par exemple, le comte Boniface demandait à Augustin une règle de conduite pour vivre chrétiennement, il n'est pas bien sûr qu'il prétendît suivre à la lettre les conseils du saint évêque; peut-être même beaucoup de ceux qui pleuraient aux sermons de saint Augustin, une fois hors de l'église et la surprise de l'émotion passée, n'en étaient pas meilleurs. Sans doute, Salvien ne doit pas être pris trop à la lettre quand il dit : « L'Église de « Dieu devrait apaiser Dieu; fait-elle autre « chose que de l'irriter? Excepté un très-petit « nombre d'âmes, la société chrétienne n'est « qu'une sentine de vices. Qu'y trouve-t-on au- « jourd'hui, sinon des hommes de vin et de bonne

« chère, des adultères et des fornicateurs, des ra-
« visseurs et des débauchés, des larrons et des
« homicides ? »

Je veux bien faire la part de la pieuse exagération qui a dicté au prêtre de Marseille ces lignes accusatrices contre le clergé corrompu de son siècle ; cependant cette colère a des accents trop éloquents pour n'être pas inspirée par la vérité, quand il arrive à la peinture de cette corruption africaine, contre laquelle le christianisme semble être resté impuissant.

Selon lui [1], si les Vandales sont passés en Afrique, ce n'est pas la sévérité de Dieu qu'il faut accuser, c'est la dépravation des Africains ; il appuie ce rigoureux jugement d'une formidable énumération des vices qui travaillaient l'Afrique et Carthage en particulier. Tantôt il dépeint cette puissante rivale de Rome comme une bacchante enivrée et chancelante ; tantôt, au tableau de ses splendeurs, il oppose celui de ses vices et de ses turpitudes, et il termine en l'appelant la sentine de l'Orient, et en la maudissant.

On le voit, c'est Juvénal en prose; il rappelle

[1] Salvien, *de Gubernatione Dei*, livre III chapitre IX. Édition Baluze. Paris 1684.

les allures déclamatoires du grand satirique, et aussi ses libertés un peu cyniques. On chercherait en vain dans ses brûlantes invectives cette charité chrétienne qui répand un si grand charme sur la parole des grands sermonnaires, ces censeurs naturels des infirmités de l'homme.

Dans ses pages les plus passionnées, dans ses tableaux les plus énergiques, saint Augustin est mesuré ; la chasteté de l'expression voile ce qu'il y a de trop humain dans la pensée : qu'on lise ses confessions, ses sermons, ce sentiment de la bienséance chrétienne se trouve partout. Est-ce à l'instinct du beau moral qu'il doit cette dignité, cette délicatesse exquise de langage ? Est-ce à l'expérience du cœur mûri par le sentiment chrétien ? Peut-être la nudité des hyperboles du prêtre de Marseille tient-elle à ce qu'il ne voyait la vie et les hommes que du fond de l'abbaye de Lérins, tandis que rien dans les choses humaines n'est étranger à l'évêque d'Hippone. Aussi, pour en revenir aux deux passages de Salvien qui m'ont amené à faire cette longue parenthèse, sans l'accuser de mensonge il ne faudrait pas toujours regarder son témoignage comme plus imposant que celui de saint Augustin, qui est bien plus discret et plus réservé.

Si toutes les dépositions de Salvien étaient authentiques, il y aurait lieu de nous demander comment la société chrétienne, en proie à la dépravation où il la représente, n'est pas morte avec l'empire romain, et comment elle a pu arriver à une domination qui devait s'étendre bientôt sur l'univers entier.

Le christianisme, sans doute, n'avait plus toute sa pureté native, mais il était encore bien jeune et bien puissant. Sa parole féconde avait encore bien du retentissement; pour s'en convaincre, on n'a qu'à jeter les yeux sur les ouvrages de saint Augustin et en particulier sur le recueil de ses sermons.

Ce n'est pas sans dessein que j'en parle ici; tout-à-l'heure je les opposais dans ma pensée au traité de Salvien, car il montre le génie chrétien dans toute sa beauté, dans toute sa vigueur primitive.

Les sermons de saint Augustin, qui remplissent tout le cinquième volume de l'édition des Bénédictins sont fort nombreux; il n'y en a pas moins de 363, sans compter des traités qui ne sont évidemment que des sermons fort développés, tels que ceux sur la prise de Rome, sur l'utilité du jeûne, sur la discipline chrétienne. On pourrait encore y joindre ses commentaires sur les psaumes et sur les quatre évangélistes. Donner l'analyse d'un recueil si volumineux est chose impossible ici : d'ailleurs chacun peut aisément s'en faire une idée à-peu-près complète : ces homélies en général sont fort courtes, ce qui s'explique quand on sait qu'elles étaient écoutées debout. On peut donc en lire quelques-unes dans le latin ; on les connaîtra presque toutes.

Il serait à désirer qu'un écrivain habile fît connaître l'esprit général qui les anime à ceux qu'effraie l'immense recueil des Bénédictins, et renouvelât pour les sermons ce que des maîtres illustres ont fait pour les confessions. Le caractère général frapperait d'abord : c'est en apparence une paraphrase littérale de la Bible et de l'Évangile. A voir certaines explications subtiles et prétentieuses, on croirait entendre un grammairien qui interprète les saints livres ; mais comme cette impression s'efface vite en présence de ces grands traits qui sentent la vie ! comme on se retrouve bien en plein quatrième siècle devant ces apostrophes rigoureuses aux hérétiques ! Ainsi plus tard, Bossuet, dans ses grands traités, les prendra en partie, mais non avec plus de vigueur. Ne croyez pas que le manichéisme intimidera Augustin plus que le donatisme : non, il avoue de bonne grâce qu'il a été manichéen, il n'en montre que plus de zèle pour ramener ceux qui s'égarent, comme lui-même s'est égaré.

Dans saint Augustin bien plus que dans Bossuet, on sent la charité chrétienne percer sous le controversiste ; mais aussi, il faut le dire, nous ne sortons guère de l'Église. Il est vrai qu'alors l'Église était à-peu-près le centre de la société. Ainsi beaucoup de sermons sont remplis du tableau des désastres de Rome prise par les Vandales : ses censures amères s'adressent quelquefois à ces chrétiens indignes qui, malgré les misères du temps, étaient plus que jamais passionnés pour les spectacles impurs et les jeux sanglants.

Mais il ne faudrait pas lui demander ces portraits qui font connaître un siècle, non plus que ces peintures de mœurs qui se déroulent si complaisamment dans nos grands sermonnaires. C'est toujours Dieu qui parle chez saint Augustin.

Même les sermons sur les fêtes des saints, qui semblent convier l'orateur à déployer son éloquence, ne sont pour lui que le texte d'une série de réflexions pieuses : aussi peut-il faire jusqu'à six fois le panégyrique de saint Cyprien, le héros africain.

Chez l'évêque d'Hippone, les peintures morales ne sont qu'indiquées : ici comme partout, la mesure dans l'abondance, voilà son caractère spécial. Aussi, pour trouver tout l'intérêt que renferment ces sermons, il faut souvent percer la réserve toute religieuse du langage : l'auteur reste dans la sérénité du dogme chrétien ; une sorte d'éloquence toute dogmatique est répandue également partout ; mais de temps en temps un grand trait, une réflexion profonde, une simplicité sublime, donnent un charme plus sensible et plus humain à ces beautés théologiques.

Ces belles formes littéraires, qui rendent si attachantes les homélies de saint Jean Chrysostome, ont disparu : souvent la subtilité africaine se montre avec la barbarie prétentieuse d'un style ampoulé : ainsi, pendant tout un sermon, les dix commandements de Dieu sont comparés aux dix cordes de la lyre : mais alors même on sent un oubli si complet de lui-même, une candeur si chrétienne, qu'on oublie volontiers son mauvais langage africain, au premier grand trait qui se rencontre. Qu'on se représente par la pensée cet Augustin si profondément pénétré de son dogme, et le commentant dans une des basiliques de cette Carthage qu'a si durement flétries Salvien. Quoique alors son langage soit plus paré que quand il s'adresse aux rudes mariniers d'Hippone, on sentira bien qu'il ne s'agissait pas pour lui de charmer les oreilles de ceux qui l'écoutaient : les préoccupations de l'artiste l'inquiéteront peu en présence de ces foules aussi curieuses de la nouvelle doctrine qu'elles sont éloignées de son esprit : sa parole est avant tout sévère et forte.

Pouvait-elle l'être jamais assez pour rendre quelque sève morale à ces âmes perdues? Aussi on sent qu'il fait bon marché des détails du style.

Sans doute Carthage était une ville savante; elle avait ses écoles et ses officines de philosophie, comme parle Salvien. Mais il n'est pas injuste de croire que la langue oratoire n'était pas tenue de s'y produire avec toutes les délicatesses, avec toute l'urbanité qui alors devenaient inutiles même pour des oreilles italiennes.

Ces qualités eussent été perdues pour des auditeurs africains. On ne lisait plus Cicéron en Afrique à l'époque où nous sommes arrivés : on ne comprenait même plus ni ses idées ni sa langue. Vers l'an 410 un certain Dioscore, frère de Zénobéus, grand fonctionnaire de l'empire, priait Augustin de lui expliquer plusieurs passages de Cicéron; l'évêque s'y refusa, alléguant que c'était une occupation indigne d'un prêtre : d'ailleurs ses travaux ne lui en laissaient pas le temps. Voici une des raisons qui l'empêchaient de répondre à ses questions : « Vous allez en Orient, « et vous craignez d'y passer pour un ignorant : « mais comment y trouverez-vous des gens qui « vous questionnent sur ces matières, puisqu'à « Rome et à Carthage, où vous étiez venu pour « vous instruire, vous voyez qu'on les néglige si « fort que personne ne s'y applique? Dans toute « l'Afrique, loin de trouver personne qui vous « demande rien sur ce sujet, vous avez dû vous « adresser à un évêque pour vous en faire in- « struire. »

Une pareille insouciance pour les grands classiques produisait ses fruits naturels : la langue se chargeait de barbarismes, surtout en Afrique. Augustin disait : « Aujourd'hui il y a tant de barbarismes[1] que le langage de Cicéron nous paraîtrait barbare. » Cela n'était que la vérité; mais il n'avait pas le droit de s'en plaindre, celui qui disait dans un des livres de la doctrine chrétienne[2] : « Souvent la façon de parler vulgaire est

[1] *Livre de l'Ordre,* chapitre 17.
[2] *Doctrine chrétienne,* livre III. Chapitre III.

« plus facile à entendre que le langage des lettres, « et j'aime mieux un barbarisme qu'une expres« sion plus latine, mais douteuse. »

Cette façon de parler vulgaire que réclame saint Augustin, c'est tout simplement le droit de mêler au style des solécismes et des barbarismes, ou peut-être des locutions africaines, ce qui ne valait sans doute guère mieux. Chez nous aussi, l'illustre auteur des *Essais*, pour rendre sa pensée plus nette, acceptait les mots gascons s'ils se présentaient; mais cette théorie, admissible peut-être pour une langue jeune comme le français du seizième siècle, ne peut que hâter la décadence d'un idiôme en pleine décomposition.

Rien ne montre mieux l'état de la langue, envahie aussi bien que l'empire par l'Église et par les Barbares, que ces paroles échappées au plus grand écrivain latin du quatrième siècle.

Pourtant il y avait comme autrefois des écoles et des rhéteurs; mais dans ces écoles on dissertait sur la dialectique ou sur les questions vagues et stériles de rhétorique. Les maîtres ne se doutaient pas qu'en négligeant la forme, ils donnaient le coup de grâce à la rhétorique; en regardant les fastidieuses matières qui faisaient l'objet de l'enseignement au quatrième siècle, on est tenté d'excuser les distractions bruyantes de la jeunesse de Carthage. Il fallait que cette licence allât bien loin puisque Augustin[1] fut obligé d'abandonner sa chaire, et d'aller chercher à Rome des auditeurs moins turbulents.

Puisque j'en suis arrivé aux rhéteurs et à la rhétorique, voyons donc comment elle était enseignée. Cela nous amènera naturellement à parler d'une rhétorique assez médiocre attribuée à Augustin. Elle n'est certainement pas de lui, mais elle est de son temps ; et comme la principale valeur des ouvrages apocryphes est de faire connaître l'esprit qu'une époque a porté dans telle ou telle branche d'études, cette rhétorique nous permettra d'apprécier l'enseignement des rhéteurs.

Nous pourrons deviner quel a été celui d'Augustin avant que la foi, en échauffant son cœur, eût reculé l'horizon de son intelligence : nous comprendrons mieux la haute portée du traité sur l'Art de catéchiser les ignorants, le quatrième livre de la Doctrine chrétienne, et les progrès d'Augustin dès qu'il s'attacha à des questions plus vivantes que celles de l'École, et plus sérieu-

[1] *Confessions*, livre III.

ses que le panégyrique d'un consul ou même d'un empereur.

Saint Augustin[1] parle, dans son premier livre des Rétractations, de quelques ouvrages qu'il avait composés à Milan, avant de recevoir le baptême. Parmi des traités commencés et non finis, il y en avait un sur la rhétorique : en 426, il n'en avait plus d'exemplaires, mais je crois, dit-il, que d'autres les possèdent.

Voilà sur quel fondement les critiques lui ont attribué les principes de rhétorique dont je vais parler.

L'auteur[2] pose en principe que le devoir de l'orateur est de bien comprendre la question ; il admet la vieille division de la rhétorique en trois parties ; selon lui la mémoire et la prononciation rentrent dans l'élocution.

Le but de l'orateur est de persuader : il ne peut mettre en œuvre que les matières fournies par le sens commun ; ce qui est du ressort des sciences ou des arts lui est étranger ; les affaires politiques, ces choses où tout le monde peut juger, même sans avoir étudié, et sur lesquelles on aurait honte de rester court, voilà le cercle dans

[1] *Retractat.*, *chap. VI.*

[2] *Principia Rhetorices, Appendix primi vol.* Éd. Bened.

lequel l'orateur doit se renfermer soigneusement.

Les questions civiles (chap. III) se divisent en deux classes, les thèses et les hypothèses : l'hypothèse est moins générale que la thèse. A ces détails succède, dans les chapitres IV, V, VI, l'énumération des circonstances qui peuvent faire controverse : ce sont d'abord les questions rationnelles ; elles se présentent sous quatre formes aussi bien que les questions légales. Une série assez compliquée de divisions et de subdivisions ne permet pas de suivre facilement le plan de l'auteur : le VIIe chapitre indique les différentes parties de la question ; le VIIIe énumère toutes les formes que peut prendre la controverse. Enfin l'auteur donne la liste des figures qui y ont rapport, et il termine le IXe et dernier chapitre en tâchant de montrer qu'il est très-important pour l'orateur de les connaître toutes.

En somme, cette rhétorique est plus que médiocre, dit Gibert dans ses *Jugements des savants*. En l'appréciant si sévèrement, il la rapproche peut-être des traités que Cicéron nous a laissés sur ce sujet.

La *Rhétorique à Heremius*, qu'une critique savante et judicieuse a pour toujours rendue à son illustre auteur, le *Traité de l'invention*, qui n'est qu'une édition revue de la *Rhétorique à Herennius*, avaient vidé définitivement les questions que l'auteur des *Principes de la rhétorique* a la prétention de résoudre. Instituer un parallèle entre ces ouvrages et celui qu'on attribue à saint Augustin serait chose inutile. Personne ne peut avoir de doute sur leur mérite respectif après le résumé que nous avons donné. Remarquons cependant que, depuis Cicéron, la rhétorique des écoles n'avait pas fait un pas : ce sont toujours les mêmes questions, la méthode seule est changée. Tout semble rapetissé dans cet enseignement : la grammaire a remplacé la dialectique, les petits détails ont succédé aux détails philosophiques. Cicéron ne s'était jamais renfermé exclusivement dans la rhétorique du genre judiciaire : son génie avait su se donner carrière, et la première rhétorique des Romains pouvait presque rivaliser avec le grand ouvrage d'Aristote, grâce aux vues étendues et aux aperçus nouveaux de son jeune auteur. Les *Principes* nous laissant toujours en présence des tribunaux, Cicéron avait éclairci par des exemples originaux tout ce qu'il y avait d'abstrait dans ces matières compliquées : ici rien de semblable.

Ces subdivisions, ces distinctions, ces catégories, que Cicéron avait empruntées aux rhéteurs grecs, aboutissent chez lui à des conclusions pratiques : on sent la vie sous ces froides abstractions.

Il n'est plus question que d'une sorte de vérité géométrique chez le rhéteur du quatrième siècle : c'est pour cela sans doute que ce cahier (car c'est bien véritablement un de ces cahiers tels qu'on les dictait chez les rhéteurs) est si incomplet ; il n'y a pas un mot, pas une allusion sur les passions : cela se conçoit, elles étaient inutiles dans ces vaines déclamations qui survécurent si longtemps à l'éloquence[1].

Mais il est peut-être injuste de rapprocher une production courte et incomplète, comme celle dont il s'agit, d'un ouvrage aussi considérable que la *Rhétorique à Herennius*. Cicéron l'avait pourtant jugée fort sévèrement, puisque c'est à propos d'elle qu'il regrettait que ses premiers essais, faibles ébauches tirées de ses cahiers de rhétorique, fussent sortis de ses mains dans son extrême jeunesse.

Malgré cela, je ne comparerai pas les deux ou-

[1] Voir dans les notes du 1er livre de l'*Invention*, d'intéressants détails dans lesquels M. Leclerc apprécie les exercices oratoires auxquels les Goths et les Visigoths se livraient dans les écoles romaines. Trad. de Cicéron, tome III, page 167.

vrages; mais qu'on rapproche les principes d'un livre élémentaire, d'un manuel par demandes et par réponses, composé par un père pour l'instruction de son fils : il est vrai que c'est encore Cicéron qui en est l'auteur. Ce livre, peu connu à cause même de son titre savant (comme l'a fort bien remarqué un judicieux et habile traducteur), c'est le traité des partitions oratoires.

Marmontel a pu dire justement que le plan de *la Milonienne* était tracé dans dix lignes de ce petit ouvrage, et que dans ce dialogue entre son fils et lui, Cicéron, en un quart-d'heure de lecture, nous apprend en théorie tout ce que lui-même savait dans l'art d'amener les esprits au but de la persuasion. Dans ce traité, il n'est aussi question que de l'éloquence judiciaire; mais il y a de l'ordre, il y a un plan suivi, une analyse complète du sujet. Ce qui frappe surtout, c'est moins la profondeur des idées que l'excellence de la méthode. Cicéron est un philosophe qui ne s'occupe des mots que par rapport à la pensée : l'auteur des *Principes* n'est qu'un grammairien. Aussi, voyez comme il s'empresse d'arriver à sa *Théorie des figures*. Il méritait donc bien (car il est temps de finir ce long rapprochement) la sévérité de Gibert.

Ce critique, disons-le, ne croit pas non plus que cette œuvre appartienne à saint Augustin ; mais il ne donne pas les raisons de son opinion. Elles étaient pourtant faciles à trouver.

D'abord, pour peu qu'on connaisse le style vigoureux et coloré d'Augustin, il est impossible de lui attribuer ce petit livre, écrit sèchement, et pourtant sans précision. Les habitudes analytiques qu'il révèle ne sont pas non plus celles de notre saint.

L'auteur de ce traité est grand admirateur d'Hermagoras ; il le suit en tout, et le loue avec une complaisance marquée ; il se dit élève de Démocrate. Tout cela indique une main étrangère : jamais Augustin ne parle de ses maîtres ni de ses études.

Quand il s'occupe de rhétorique, c'est Cicéron qu'il suit et qu'il vante exclusivement ; et il n'est pas probable qu'il ait jamais eu beaucoup de goût pour les préceptes inutilement compliqués d'Hermagoras.

A toutes ces suppositions littéraires, j'ajouterai des raisons plus positives : l'auteur cite en grec tous les termes de rhétorique qu'il définit ; jamais Augustin ne suit cette méthode dans ses autres écrits : il savait fort peu de grec, puisqu'il ne l'apprit que très-tard, étant déjà évêque d'Hippone. Or, ce livre des *Principes*, s'il était d'Augustin, aurait été écrit vers 386, c'est-à-dire trois ou quatre ans avant qu'il n'apprît le grec. Enfin, dans ses *Rétractations*, Augustin dit positivement que ce traité était écrit en forme de dialogue, et qu'il se servait de la science pour élever l'homme vers son créateur.

L'ouvrage apocryphe n'offre pas trace de dialogue : tout y est présenté sous forme d'exposition. On n'y trouve pas davantage d'intention morale ou religieuse. L'auteur ne s'est évidemment proposé autre chose que de discuter sur les finesses de la rhétorique et sur l'utilité des figures. Ainsi cette rhétorique n'est pas de saint Augustin ; elle ne peut être de lui. Il ne faudrait pourtant pas conclure de là que le grand docteur n'acceptât point la rhétorique telle que l'avait faite le génie des Grecs et des Romains. Augustin l'accepte tout entière ; il proclame sa moralité, et la défend contre un sophiste qui voulait l'interdire aux catholiques. Mais ces détails appartiennent à l'exposition des doctrines de saint Augustin sur l'art oratoire. Ils feront l'objet du chapitre suivant.

CHAPITRE III.

AUGUSTIN DÉFEND LA RHÉTORIQUE ET L'ÉLOQUENCE CONTRE LE GRAMMAIRIEN CRESGONIUS.

CHAPITRE III.

AUGUSTIN DÉFEND LA RHÉTORIQUE ET L'ÉLOQUENCE CONTRE LE GRAMMAIRIEN CRESCONIUS.

Après le concile général tenu à Carthage, l'an 405, et qui avait eu pour but de faire exécuter les constitutions d'Honorius contre les Donatistes, ceux-ci ne se tinrent pas encore pour battus; ils protestèrent contre des ordonnances qui les forçaient de rentrer dans le sein de l'Église catholique, et appuyèrent leurs protestations de révoltes sanglantes. Comme toujours, les Circoncellions y jouèrent un rôle actif; ils attendaient les prêtres catholiques, les meurtrissaient de coups, et leur brûlaient les yeux avec de la chaux détrempée dans du vinaigre.

Le diocèse d'Hippone, plus que tout autre, fut exposé aux violences de ces brigands nomades.

Augustin fut obligé de recourir à l'autorité séculière de Cécilien, gouverneur de Numidie, pour mettre les siens en sûreté. Mais en même temps, il demandait instamment une conférence théologique avec les évêques donatistes. C'est dans ces circonstances qu'un grammairien du parti des schismatiques, Cresconius, adressa à Augustin une longue lettre où il défendait Petilianus, son évêque. Ce dernier, quelque temps auparavant, avait, dans un traité de controverse, entassé les injuries et les calomnies contre le fils de Monique; celui-ci lui envoya une réponse aussi accablante par la douceur et la modération qui y règnent, que par les raisons théologiques réunies contre l'hérésie. C'est là qu'il disait : « Mes frères, aimez « les hommes, tuez les erreurs. Présumez de la « vérité sans orgueil, combattez pour elle sans « violence ; priez pour ceux que vous reprenez, « priez pour ceux que vous persuadez. »

Cresconius pensa que Petilianus, d'un caractère fougueux et irascible, n'avait rien de ce qu'il fallait pour répondre à une lettre si chrétienne et si contenue. Quoique simple laïque, il crut qu'il ferait mieux que son évêque. C'était une grande témérité à lui, peu instruit des choses de la religion, comme il le reconnaît lui-même, d'aller s'attaquer à saint Augustin, surtout quand il loue la prudence de ses coreligionnaires, qui jugeaient plus à propos de répandre leurs idées dans le peuple, que de discuter avec les docteurs catholiques. C'était d'ailleurs un homme d'esprit; son début le prouve. Il prodiguait les éloges à l'éloquence d'Augustin; puis, comme s'il craignait qu'il n'en abusât pour persuader les simples, il accusait l'éloquence elle-même d'être une ouvrière d'erreur et de mensonge. Pour prouver son opinion, il citait l'Écriture et Platon. Cette fois le vieux sophisme rajeuni ne pouvait rencontrer des défenseurs plus considérables.

Aussi Augustin commence sa réfutation par lui prouver qu'il cite à faux la Bible, et qu'il n'y a pas lieu de confondre le bavardage dont elle parle avec l'éloquence dont elle ne parle pas. « L'éloquence, dit-il[1], est une faculté à l'aide de « laquelle nous développons, comme il convient, « nos pensées : il faut donc y recourir quand nos « pensées sont justes. Les hérétiques ne sont pas « dans le vrai; mais s'ils y étaient, ce serait un « bien qu'ils pussent s'exprimer éloquemment.

[1] Contre Cresconius, livre 1, 3.

« C'est en vain que vous accusez l'éloquence ; « faudrait-il, parce qu'il y a eu des hommes qui « ont pris les armes contre leur pays, qu'un sol- « dat refusât de s'armer pour la défense du sien ? « C'est le sophisme et non l'éloquence qu'il faut « bannir. Voilà ce que dit Platon, voilà ce que « saint Paul recommande à Timothée. Vous- « même, vous vantez le talent de Donat, de Par- « ménien, et de vos autres docteurs ; et vous qui « parlez, vous avez tâché d'accuser éloquemment « l'éloquence. »

Tels sont pour ainsi dire les Prolégomènes de la rhétorique d'Augustin ; plus tard nous le verrons encore revenir sur ces idées.

La différence d'opinion qui se manifeste entre Platon et l'évêque catholique tient à plusieurs raisons graves qu'il importe de signaler. C'est toujours le vieux procès de la philosophie contre la rhétorique et le sens commun, dont elle n'est que le brillant écho : nous n'avons pas la prétention de vider cet antique débat ; mais voici notre avis.

Quand Socrate, dans le *Gorgias*[1], accepte ce qu'il appelle la vraie rhétorique, se proposant de

[1] Voyez le bel argument de M. Cousin au tome 3me de son *Platon,* et aussi le *Gorgias,* passim.

l'employer à sauver quelques âmes et la sienne propre, après avoir proscrit celle qui selon lui est fausse et mensongère, celle qui n'est qu'une routine, je me rends difficilement compte de ce qu'il a voulu dire.

Si l'éloquence n'est qu'une de nos facultés générales, dominant toutes les applications que nous en pouvons faire, si elle n'est autre chose que la raison se faisant entendre à l'homme, et mettant dans son plus beau jour les idées qu'elle veut exprimer, si elle n'est qu'un instinct heureux; l'art qui développe cet instinct, la méthode qui nous aide à réveiller les sympathies cachées, mais puissantes de l'âme avec le beau, le vrai et le juste, la rhétorique enfin, puisqu'il faut l'appeler par son nom, ne sera pas plus immorale que la faculté qu'elle veut développer et perfectionner.

Je vais plus loin : par cela seul que l'homme crée sa parole, il doit viser à l'éloquence; exprimer sa pensée, c'est réaliser l'idéal; dès-lors tout ce qui peut nous y aider est moral et légitime.

Mais, dit Platon, la rhétorique est indifférente au vrai et au faux; il n'y a pour elle ni vrai ni faux; elle est essentiellement un art de mensonge, puisque tout est mensonge, là où la vérité et le mensonge peuvent être arbitrairement employés; aussi ne s'adresse-t-elle qu'aux ignorants; et, pour mieux s'emparer d'eux, elle parle à leurs sens, à leur imagination, elle intéresse leurs passions.

Ces reproches sont injustes; l'abus d'une bonne chose ne prouve rien contre elle. Parceque les Sophistes athéniens inspiraient à leurs concitoyens la convoitise et la jalousie, sera-t-il interdit à Démosthène de ranimer chez ses auditeurs l'amour de la patrie et la haine de l'étranger?

Oui, la rhétorique s'adresse à la foule et aux ignorants, mais c'est que ceux-là surtout ont besoin d'être éclairés; c'est pourquoi les idées du sens commun sont exclusivement son domaine; sa gloire est de les éclaircir et de répandre sur elles toute la beauté dont elles sont capables.

Oui, elle parle à la passion et à l'imagination; mais c'est alors qu'elle mérite bien du genre humain: on ne peut pas couper l'homme en deux; on ne peut pas, Dieu merci, séparer la raison qui voit le vrai, le beau et le juste, du cœur qui l'aime et s'y attache.

Il ne faudrait pas conclure de tout ceci que la rhétorique avec le cortége de ses principes doive être mise en jeu toutes les fois qu'il s'agit de parler à l'homme et de l'instruire.

Il y a pour nous ici-bas deux sortes de vérités bien distinctes : l'ordre des vérités spéculatives, qui est celui de l'esprit ; la science est son but. Mais il y a aussi l'ordre des vérités morales qui ont été faites pour le cœur; celles-ci dominent toute notre vie. Le premier ordre de vérités, dit Pascal, va par principes à des conclusions certaines ; l'autre tend, par des sentiments ou des affections, à sa fin dernière. Le cœur ni la morale ne sont intéressés dans les sciences exactes; on est tout au plus coupable d'ignorance si on y pèche. Dans l'autre, la volonté joue le principal rôle, et on l'intéresse en remuant les instincts et les sentiments, qui sont comme le fond de notre nature morale. Sans doute, le cœur demande quelquefois ses preuves, comme l'intelligence, *ignoti nulla cupido;* mais alors même les vérités qu'on démontre ne se proposent que pour être aimées. Les vérités purement spéculatives ont besoin d'une démonstration longue et difficile ; celles-là n'en ont presque pas besoin. « On prouve bien « par principes qu'une chose est vraie, continue « Pascal ; mais, pour la faire aimer, il faut faire « sentir qu'elle est aimable. Il serait ridicule de « prouver méthodiquement qu'on doit nous aimer.

« L'ordre du cœur n'entre point dans les scien-

« ces, comme l'ordre des sciences n'a rien de « commun avec celui du cœur. Ce dernier est « celui qu'ont suivi saint Paul, saint Augustin, « l'auteur de l'Imitation ; ils avaient pour but, « non pas d'instruire l'esprit, mais d'échauffer le « cœur. »

Cet ordre est celui de la nature, de la morale, de la société civile, et par conséquent de l'éloquence, qui ne s'occupe que de ce qu'il faut faire ou éviter, aimer ou haïr dans la vie. Là, il faut avant tout émouvoir la sensibilité, la remuer par des exemples énergiques, c'est-à-dire frapper l'imagination avec le cœur. Toutes ces facultés de l'homme sont également nobles ; toutes viennent de Dieu ; et les idées senties par la sensibilité ou aperçues par l'imagination, n'ont pas, aux yeux d'une psychologie impartiale, une moindre valeur que celles données par la raison.

Mais Platon ne reconnaissait guère dans l'homme que les facultés qui le mènent à la science, celles qui le mettent en possession de l'absolu ; les autres lui paraissaient en tout point inférieures. S'adresser à elles, c'était flatter les parties basses de notre nature, et il comparait durement les arts qui en tiennent compte à l'art du cuisinier.

Ajoutons que les scandales d'une cité où la rhétorique mettait trop souvent le pouvoir aux mains des plus indignes, ont dû augmenter encore l'aversion qu'elle inspirait naturellement à l'élève de Socrate.

Admirons donc saint Augustin pour avoir été plus impartial que Platon; sachons-lui gré d'avoir été assez fort pour résister à l'exemple qu'avait donné le plus beau génie de l'antiquité. Il fit plus : il résista presque à la tradition chrétienne : car nous avons vu plus haut que le christianisme avait jusqu'à cette époque méconnu la valeur de la rhétorique.

Mais saint Augustin sentit aussi qu'une grande révolution morale doit en amener une dans l'art de persuader; car si les dogmes meurent d'une manière uniforme; quand ils s'établissent, s'ils sont vraiment originaux, ils ont nécessairement leur méthode particulière. Augustin s'en était rendu compte; il avait regardé, avec l'intelligence du génie, ce qui se passait tous les jours sous ses yeux.

Nous allons apprendre de lui quelle était cette méthode : c'est l'objet du traité qu'il composa sur la manière de catéchiser, que nous allons analyser et apprécier dans le chapitre suivant.

CHAPITRE IV.

EXPOSITION ET EXAMEN DU TRAITÉ

SUR

L'ART DE CATÉCHISER.

CHAPITRE IV.

EXPOSITION ET EXAMEN DU TRAITÉ SUR L'ART DE CATÉCHISER.

Saint Augustin était l'oracle du monde chrétien ; on s'adressait à lui de tous côtés pour avoir la solution des problèmes religieux les plus compliqués, les gens du monde et les philosophes, comme les religieux et les évêques eux-mêmes. Ainsi, plus tard, on verra l'Europe entière demander à Bossuet la solution de toutes les grandes questions religieuses qui ont agité le dix-septième siècle.

Un diacre, nommé Deogratias, qui catéchisait à Carthage avec succès, lui écrivit pour lui confier les dégoûts qu'il ressentait dans cette rude mission d'apprendre la foi aux hommes.

Il ne faudrait pas croire, sur la foi du titre,

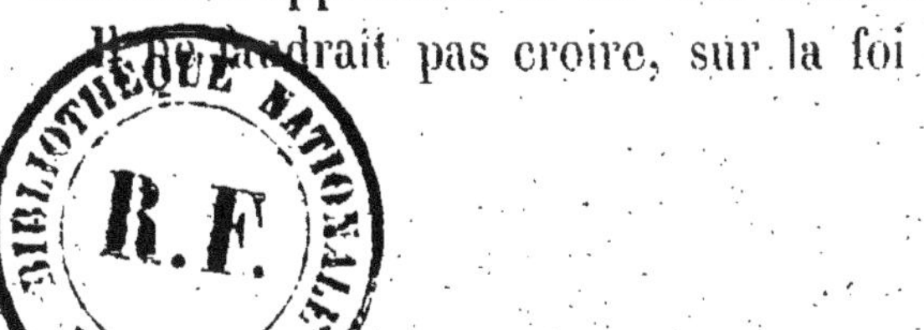

qu'il s'agit seulement de faire le catéchisme aux enfants. Les catéchumènes étaient le plus souvent des hommes faits, qui, convertis à la nouvelle religion par des sentiments réels ou par leur intérêt, méritaient dans de longues épreuves un baptême que l'Église n'accordait alors qu'à des œuvres sérieuses ou à une foi bien prouvée.

Nous avons vu plus haut qu'avec le baptême on recevait la communion et la confirmation. C'était donc une initiation complète au catholicisme : aussi, on l'attendait longtemps.

Effectivement, la tâche du catéchiste était pénible, surtout à Carthage, au milieu de la prodigieuse corruption que j'ai décrite. Devant de pareils auditeurs, le prêtre devait se sentir mal à l'aise pour développer les grands principes de la morale chrétienne. Que dire à des néophytes qui, avant d'entrer dans l'Église, avaient été sacrifier à la déesse Céleste, ou peut-être écouter un évêque donatiste? Que sera-ce s'il est vrai, comme le dit Salvien, que dans cette cité préoccupée d'intérêts matériels, les serviteurs de Dieu ne pouvaient pas se montrer sans être bafoués et outragés?

Ajoutez à cela un détail puéril en apparence, mais qui cependant n'est pas sans valeur. En

Afrique. les catéchumènes restaient debout devant le prêtre qui les instruisait. Les évêques d'Italie avaient senti que la fatigue résultant de cette situation gênante ferait tort à la doctrine et éloignerait des églises les populations indolentes et voluptueuses des grandes villes.

Le traité sur l'art de catéchiser fut composé vers l'an 400. Augustin avait alors quarante-sept ans; il y avait quinze ans qu'il était converti; depuis cinq ans, il exerçait les fonctions épiscopales. Il avait donc toute l'expérience désirable en matière d'instruction religieuse; aussi, trouve-t-on un bien vif intérêt dans les conseils adressés par le grand évêque au diacre de Carthage, surtout si l'on se rappelle qu'Augustin y résume l'esprit du christianisme dont il était le défenseur et l'interprète le plus intelligent.

On amenait à Deogratias des hommes auxquels il fallait apprendre les éléments de la foi; et faute d'avoir une méthode sûre, il ne savait par où commencer ni par où finir. Souvent, enfin, sa parole le fatiguait lui-même; et il ne doutait pas que ses auditeurs n'en ressentissent un ennui préjudiciable à la foi. Voilà pourquoi il avait dû recourir à l'expérience de l'évêque d'Hippone.

Ce n'est pas seulement à titre d'ami, c'est au

nom de la charité chrétienne qu'Augustin lui répond : « Dieu, me défend de vous refuser, lui « dit-il ; je dois embrasser avec joie toutes les « occasions que j'aurai d'aider mes frères par « mon travail. »

C'est ainsi que chez les Pères de l'Église, l'esprit religieux vient tout sanctifier, tout agrandir ; les individus s'effacent, les questions particulières disparaissent pour devenir générales comme la vérité même, et, comme elle, répondre aux besoins de toutes les âmes. Leur charité transforme tout. Voyez comme il combat les dégoûts et les découragements de son ami ! Le grand docteur ne conseillera pas, comme un maître vulgaire, de s'obstiner dans une lutte stérile : en pareil cas, il y a quelque chose de plus noble que le triomphe oratoire, c'est le renoncement volontaire au succès ; quelque pénible qu'il soit, il ne doit rien coûter à notre amour-propre, dès qu'il s'agit d'être utile. Lui aussi, Augustin, voudrait poursuivre et atteindre l'idéal[1] : « A moi même, dit-il, « ma parole me déplaît ; je suis avide d'un mieux « que mon esprit voit et auquel je ne puis arri-

[1] On trouvera un éloquent commentaire de ce premier chapitre dans quelques pages des *Essais de Littérature et de Morale* de M. Saint-Marc-Girardin. 2e vol., édit. Charpentier, p. 244 et 399.

« ver; je m'afflige de sentir que ma langue ne « suffit pas à mon cœur..... Mon idée brille de« vant moi comme un éclair; elle pénètre mon « intelligence d'une vive clarté; mais la parole « est lente et tardive. Quelle différence! tandis « qu'elle se déroule péniblement, l'idée rapide et « vive est rentrée dans les profondeurs de l'es« prit. »

L'esprit chrétien, avant toute pratique, lui avait appris à écarter les suggestions du moi littéraire. Comme toutes les petites arrière-pensées de l'artiste semblent mesquines auprès de cette noble abnégation du chrétien, qui ne songe qu'à l'intérêt des âmes! Ce sacrifice ne devait pourtant pas lui paraître médiocrement pénible. Car Saint Augustin, lui aussi, est artiste, nous n'en pouvons douter, en lisant ce vif tableau des tortures de l'homme qui cherche l'idéal sans y pouvoir atteindre.

Non, jamais notre esprit ne va jusqu'où il veut dans le vrai, et pourtant il va plus loin qu'il ne l'eût fait sans ces efforts; dans l'art comme dans la morale, qui ne tend pas à l'impossible n'accomplit pas même le nécessaire; mais ces efforts peuvent lasser la faiblesse humaine : en désespoir d'arriver à la perfection, peut être s'arrêtera-t-elle court; et alors le remède serait pire que le mal. Ainsi, même au point de vue profane et littéraire, le conseil d'Augustin est bon. N'y a-t-il pas des esprits délicats et distingués que le sentiment même de la perfection jette dans un découragement stérile et dédaigneux? Sans doute ils étaient rares au temps d'Augustin; ils ne le sont peut-être pas moins de nos jours; mais, enfin, il y en a. Or, à certaines époques, l'homme qui dans la mesure de son talent répand ce qu'il croit être la vérité, est supérieur à celui qui se tait et désespère de lui-même. Dans son intérêt même, l'esprit doit donc résister à ce désir infini de perfection qui est peut-être moins un besoin de notre âme qu'une satisfaction donnée à notre orgueil. Mais dans le prédicateur, ce sentiment de notre impuissance ôte à sa parole une partie de sa vigueur : qu'il le combatte de toutes ses forces, car souvent l'expression la plus simple et la plus naturelle suffit pour l'auditoire qu'on veut éclairer.

La difficulté n'est pas, comme le pense Deogratias, de proposer aux néophytes ce qu'il faut croire, ni de choisir entre tel ou tel ordre d'exposition. Ce qui est malaisé, c'est d'arriver à catéchiser avec plaisir. Pourtant le prêtre qui instruit ne sera goûté que s'il possède cette qualité à un degré éminent. Un zèle ardent doit donc inspirer toutes ses paroles. Si Dieu aime qu'on fasse l'aumône matérielle avec plaisir, combien cela est-il plus vrai encore de l'aumône spirituelle.

Ainsi, à côté du mal, Augustin indique le remède; c'est à la charité, c'est à l'amour de savoir l'appliquer. Vous voulez remuer le cœur, soyez ému vous-même; et vous le serez, si vous aimez : *dilige et dic quod voles* : dès que vous serez bien pénétré de l'importance de votre mission, une sorte de joie chrétienne se répandra dans votre discours.

Au dix-septième siècle, quand Labruyère commençait tristement son chapitre de la Chaire, en disant : « Le discours chrétien est devenu un « spectacle; cette tristesse évangélique, qui en « est l'âme, ne s'y remarque plus; » tout était bien changé. Le christianisme, après deux siècles de discussions orageuses, sentait le besoin de montrer aux populations qu'il avait encore toutes ses splendeurs et toute sa beauté; il tâchait de dissimuler les atteintes prochaines de la caducité, et il emprunta à l'éloquence cet éclat un peu théâtral dont aiment à se parer les majestés mourantes. Mais en même temps l'antique méthode d'enseignement religieux se perdit. Fénelon, comme l'auteur des Caractères, accuse les prédicateurs de supposer que les fidèles sont instruits de leur religion, et d'appréhender de leur faire des catéchismes. L'enseignement religieux, en effet, devenait philosophique, controversiste; il n'était plus historique: en renonçant à ce caractère, il se dénaturait et tendait à se confondre avec les objets de la spéculation profane. Or, le sentiment de la lutte qui se manifeste entre la tradition chrétienne et l'esprit philosophique, même aux plus beaux jours du dix-septième siècle, aurait dû répandre sur la parole des orateurs sacrés cette tristesse dont parle Labruyère; il semble qu'ils eussent dû craindre de n'être pas assez maîtres de la vérité pour l'imposer à ces âmes que la curiosité envahissait; mais cette impression ne se trouve guère que dans Bourdaloue et quelquefois dans Bossuet. Les Mascaron, les Fléchier ne semblent pas soupçonner cet esprit moderne qui va détruire la foi. Quand Massillon viendra le combattre, il sera trop tard: l'Église ne pourra plus en triompher.

Labruyère était donc dans le vrai quand il reprochait à l'enseignement sacré de n'être pas assez sérieux, et de se faire trop profane. Il ne l'était pas moins quand il ajoutait aux lignes que j'ai citées plus haut : « *La parole sainte c'est une « sorte d'amusement entre mille autres ; c'est un « jeu où il y a de l'émulation et des parieurs.* » Les lettres de Mme de Sévigné ne le prouvent que trop.

Le catéchiste du quatrième siècle n'avait pas les mêmes raisons pour rendre sa parole austère et sombre. Un large et bel avenir s'ouvrait devant le christianisme ; les mauvais jours du passé avaient fait place à la joie d'un triomphe éclatant et presque incontesté. La tristesse chrétienne d'ailleurs aurait rebuté ces esprits mal détachés des riantes images qui rendirent le polythéisme aimable jusque dans sa vieillesse. Enfin, ceux qui allaient trouver le catéchiste étaient disposés à croire en lui. Être triste, douter du résultat, c'eût été compromettre la foi du néophyte. Le prédicateur devait au contraire montrer, en le portant légèrement, que le joug nouveau n'était pas trop lourd pour la faiblesse humaine.

Le christianisme, au quatrième siècle était enseigné plutôt comme une religion de faits dominés par certaines vérités, que comme un système ayant besoin d'une démonstration logique. Aussi,

Augustin insiste-t-il sur la narration. Il faut la commencer aux premiers mots de la Genèse, et la mener jusqu'aux temps présents. Le catéchiste a trop peu de temps pour n'en être pas avare. Il embrassera donc sommairement et d'une manière générale toute la suite des faits, ne prenant que les choses les plus merveilleuses, celles que l'on entend avec le plus de plaisir et qui sont, pour ainsi dire, les bases de l'histoire religieuse : les faits que l'on voudra faire valoir seront isolés.

Le catéchiste ne doit pas perdre de vue, dans cette exposition sommaire de la religion, qu'il veut développer la charité des néophytes : toutes ses paroles doivent tendre à montrer l'amour de Dieu pour l'homme, afin que l'auditeur éprouve le désir de lui rendre amour pour amour : il faut qu'en l'écoutant on croie, qu'en croyant on espère, et qu'en espérant on aime.

Est-ce un homme, est-ce Jésus-Christ lui-même, qui résume ainsi l'esprit du christianisme? Dans cette œuvre d'amour tout se suit; Dieu seul doit se montrer; il faut que le catéchiste se fasse oublier pour ne penser qu'à ses auditeurs et à son Dieu. Augustin ajoute à ces grandes considérations les détails qui les complètent : aimer Dieu sans le craindre ne suffit pas : c'est au catéchiste à faire naître dans l'âme ces deux sentiments : plus on craindra Dieu, plus on voudra mériter son amour. Mais il en est qui se font chrétiens par intérêt ou par ambition; il ne faut pas les abandonner pour cela, car souvent la miséricorde de Dieu éclate par le ministère du catéchiste : et, touché par sa parole, l'auditeur veut devenir réellement ce qu'il feignait d'être.

C'est ainsi qu'Augustin relève Deogratias à ses yeux, pour le sauver des dégoûts d'une profession laborieuse et difficile.

Les conseils qui suivent s'adressent exclusivement au diacre; il lui sera utile de connaître d'avance les dispositions du néophyte, les causes qui l'ont amené à la religion. Qu'on l'interroge lui-même au besoin pour tirer de ses réponses l'exorde du sermon.

Que de soins, que de précautions pour aborder cette âme malade ! L'Église adaptait son enseignement aux besoins de chacun, donnant le lait aux faibles, le pain aux forts. Est-il étonnant qu'avec de pareilles armes, la foi catholique l'ait emporté et sur le paganisme, et sur toutes les hérésies !

Si le néophyte est venu dans un esprit de

feinte et pour obtenir des biens humains, il mentira : son mensonge même nous servira d'exorde; mais on se gardera de le réfuter. On prendra au sérieux ses paroles; ainsi peut-être souhaitera-t-il d'être réellement ce qu'il veut paraître.

Que si c'est Dieu qui l'a décidé en l'avertissant ou en l'effrayant, la matière est riche pour le catéchiste qui peut parler des conseils de Dieu sur l'homme. Mais il faut éloigner la pensée des miracles et des songes, pour s'attacher aux Écritures. On habituera ainsi l'âme à espérer non plus des miracles visibles, mais les choses invisibles.

On le voit, rien n'est donné au hasard; les circonstances les plus indifférentes deviennent précieuses pour Augustin, dès qu'il s'agit d'enfanter la foi.

Le fond de cet enseignement était l'histoire de la religion. Mais certaines idées générales peuvent la dominer : ainsi on peut commencer la narration en partant de cette idée que tout ce que Dieu a fait est bon : ces considérations permettent au catéchiste de ramener tous les faits à cette charité qui est la fin dernière de son discours : elles l'empêchent aussi de se perdre dans ces explications subtiles, qui trop souvent venaient se mêler à la parole sainte : les réflexions doivent s'y rencontrer comme l'or dans une parure de diamants : on n'en met qu'autant qu'il en faut pour les unir entre eux, pas assez pour étouffer l'éclat des pierres précieuses.

Après la narration, il faut parler de la résurrection, réfuter les railleries des infidèles, prémunir les faibles contre les tentations ou les scandales du dehors ou même de l'Église. C'est le lieu de rappeler brièvement les préceptes de la vie chrétienne; car il est à craindre que les hommes livrés au vin, à l'adultère, aux spectacles et à la superstition, ne séduisent un néophyte qui croit pouvoir les hanter impunément, quand il voit que beaucoup s'appellent chrétiens, qui n'en pratiquent point les devoirs. Le témoignage de l'Écriture aidera à faire voir la fin destinée à ceux qui persévèrent dans cette voie.

C'est toujours au nom de l'Écriture que le catéchiste doit parler : ce moi, que plus tard on proclamera haïssable, disparaît déjà : il n'y a d'intermédiaire entre Dieu et le néophyte, que la bible et la foi du prêtre qui la commente. Aussi voit-on ces mots et ces tours revenir sans cesse : « celui qui nous écoute ou plutôt qui écoute Dieu par notre bouche. »

Tous les développements doivent être courts, surtout quand le catéchumène est un homme instruit : il est inutile de lui redire ce qu'il sait déjà.

Ces réflexions pleines de sens, en nous faisant connaître la méthode d'Augustin, nous apprennent aussi comment l'Église se recrutait encore à la fin du quatrième siècle. Bien des gens instruits, avant d'accepter le catholicisme, étudiaient son esprit, l'appréciaient, et ne se décidaient qu'après de mûres et sérieuses réflexions. De pareils prosélytes en attiraient d'autres; et l'Église ne manquait pas de les opposer soit aux philosophes, soit aux hérétiques.

On peut voir comme Augustin, dans ses *Confessions*, parle avec éloge d'un illustre rhéteur de Rome, Victorius, qui se convertit dans sa vieillesse, et, sous Julien, renonça à sa chaire après avoir fait sa profession de foi devant Rome entière.

Les précautions oratoires du catéchiste doivent redoubler pour ces précieuses conquêtes ; il faut que l'orgueil de l'intelligence s'incline devant la suite de l'Église catholique ; mais la simplicité et la charité doivent éclater dans la parole de celui qui instruit.

D'autres néophytes venaient des écoles du grammairien ou du rhéteur; on ne pouvait les compter ni entre les ignorants, ni entre ces hommes instruits dont l'esprit était rompu aux grandes questions: on leur doit, dit saint Augustin, un enseignement de plus qu'aux simples, à ces hommes qui paraissent l'emporter sur les autres par le talent de la parole. Qu'ils apprennent, en se revêtant de l'humilité chrétienne, à préférer la chasteté du cœur à l'habileté de la langue.

C'est ainsi que l'Église comprenait ce qu'elle devait à chacun; elle veut que les demi-savants renoncent à leur science : car chez eux l'orgueil de l'esprit serait une source éternelle d'idolâtrie ou d'hérésie. Bossuet, aussi, dans son *Traité de la concupiscence,* reprendra ces idées; il proscrira la poésie et les arts au nom de l'humilité; mais ce qui était une mesure de haute sagesse au quatrième siècle deviendra une rigueur antichrétienne contre les beaux-esprits que l'illustre prêtre condamnait si durement.

L'interprétation des saintes Écritures ouvrait, au temps d'Augustin, un libre champ au triomphe du sens privé; les Pères eux-mêmes ne les commentent pas toujours assez simplement. Le grand esprit d'Augustin se perd dans des subtilités infinies; on n'a qu'à ouvrir ses *Éclaircissements sur les Psaumes et ses Sermons* : sans doute il y explique la lettre, et, disons-le hardiment, il y fait le mot à mot; mais, pour mieux en montrer l'esprit, il tombe dans des raffinements par trop mystiques. C'était une vieille habitude du christianisme. Les Juifs, du temps de Jésus-Christ, étaient devenus fertiles en sens mystérieux et allégoriques, dit Fénelon. Les Thérapeutes, dans lesquels Eusèbe voit les premiers chrétiens, étaient fort adonnés à ces explications de l'Ecriture. Ils étaient fort nombreux à Alexandrie. C'est là que les allégories ont commencé à se répandre jusque chez les docteurs chrétiens de l'Occident. Origène est le premier des Pères qui se soit écarté de la lettre, et il poussa jusqu'à l'excès ce goût de l'allégorie. On sait les reproches que lui adressait saint Jérôme à ce sujet.

Peut-être, dans son intérêt, l'Église n'aurait-elle pas dû permettre à tous les catéchistes ces développements où ils pouvaient se perdre et égarer avec eux des néophytes accoutumés aux imaginations bizarres de cette époque. Mais qu'on ne l'oublie pas, dans une civilisation mourante, la subtilité est une qualité. Elle cherche le neuf quand tout est vieux et usé. L'Église, pour dominer le siècle, dut donc accepter un travers qu'elle ne pouvait combattre avec succès.

Mais la foi seule et la piété avaient le droit d'interpréter les livres sacrés; il était interdit à l'orgueil de pénétrer les saintes obscurités; les savants doivent recevoir la leçon des ignorants et des simples; ceux-là surtout apprendront que les pensées l'emportent autant sur les mots que l'âme sur le corps. Peu-à-peu ils aimeront mieux les sermons vrais que les sermons bien tournés, de même que chez un ami on préfère la prudence à la beauté : ce n'est point la parole qui arrive aux oreilles de Dieu; c'est le sentiment du cœur. Bientôt les barbarismes ou les solécismes des ministres de Dieu n'exciteront plus leur dédaigneuse raillerie.

Cela n'arrivait que trop souvent; plus d'une fois les populations choisirent quelque riche étranger qui, en devenant évêque, donnait son bien aux pauvres de l'église qu'il gouvernait. Ainsi, Valère, le prédécesseur d'Augustin, était Grec; il ne savait ni le punique, ni peut-être le latin. Ainsi, un certain Pinianus, venu d'Italie pour visiter Augustin, se vit ordonner prêtre malgré lui, en dépit des protestations énergiques de sa famille. Mais la populace d'Hippone voulait avoir ses richesses, qui étaient considérables. Évidemment un clergé ainsi recruté ne pouvait pas toujours satisfaire à toutes les conditions oratoires que pouvaient exiger du catéchiste les élèves des rhéteurs.

Souvent ces prêtres improvisés ne comprenaient pas les mots qu'ils prononçaient, ou bien ils les plaçaient mal à propos. Sans doute, dit Augustin, il faut que ces abus soient redressés pour que le peuple dise *Amen* seulement quand il comprend bien : mais il faut les tolérer dans ceux qui ont appris que l'on parle bien au Forum avec des mots harmonieux, à l'Église avec des prières ferventes. Pour les sacrements, il suffit aux plus habiles d'en connaître le sens ; mais avec ceux dont l'esprit est plus lent, il faut employer plus de paroles, plus de comparaisons, afin qu'ils ne méprisent pas ce qu'ils voient.

Le fond de cette méthode est bien clair ; elle consiste à proportionner l'instruction aux intelligences, à commenter l'histoire de la religion dans un langage humble pour les ignorants, savant pour les forts, simple pour tous.

Mais pour l'appliquer, il ne faut pas que le catéchiste sente ces dégoûts qui énervent l'éloquence même la plus souple ; il lui faut avant tout cette joie intérieure, cette verve de conviction que saint Augustin demandait tout-à-l'heure.

Le détail des moyens qu'il y a de guérir les dégoûts et la paresse de l'âme va remplir la seconde partie de ce Traité. Elle est sans contredit plus précieuse que la première, car elle montre à nû l'âme d'Augustin, et nous donne le secret de cette puissante parole, qui n'est pas encore froide même pour nous.

Je n'aurai guère qu'à exposer sans commenter; la tendresse d'âme et la charité du cœur se sentent et ne se prouvent pas.

Augustin, pour être plus précis, revient sur ses pas, et il énumère un à un les motifs des découragements que peut sentir le catéchiste.

Ou bien il reste en deçà de l'idéal qu'il a devant l'esprit, et ne peut égaler sa parole à sa pensée : et alors il aimerait mieux lire ou écouter des idées bien rendues que de se livrer à une improvisation hasardeuse ; ou bien il s'ennuie de revenir tous les jours sur les mêmes idées, parce-qu'un esprit déjà formé ne marche plus avec plaisir au milieu des idées trop élémentaires, trop enfantines. Souvent enfin, c'est l'immobilité du catéchumène qui rebute celui qui l'instruit: rien ne le touche; il ne semble ni comprendre ni goûter ce qu'on lui dit : ce n'est pas alors la vanité du catéchiste qui souffre; mais ce qu'il dit vient de Dieu : plus il aime ses frères, plus il désire qu'il en profite; s'il ne réussit pas, il s'attriste et son cœur se brise.

Ajoutez à tout cela que souvent la tâche ingrate et pénible du catéchiste s'impose à lui dans des moments inopportuns.

Il paraît d'après cette réflexion que, dans l'ancienne Église, le diacre chargé d'instruire se tenait à la disposition de ceux qui réclamaient sa parole. Fonction touchante et qui suppose chez celui qui en était revêtu un zèle de tous les instants. Il n'y a dans nos temps que le curé de campagne, tel que l'a rêvé un grand poëte, chez qui l'on pourrait trouver cette ardeur apostolique pour des intérêts qui ne sont pas de ce monde.

Mais, malgré le dévouement qui devait faire le fond d'un tel ministère, ainsi pris à l'improviste, le catéchiste arrivait l'esprit en désordre pour remplir un devoir qui demande avant tout le calme.

Une autre fois un scandale afflige l'Église; on le sent vivement, et pourtant il faut catéchiser sur-le-champ. La parole ne se ressentira-t-elle pas de cette triste disposition?

Disons-le en passant, rien de plus délicat, de plus élevé que cette idée. L'âme d'Augustin seule pouvait pressentir de pareils scrupules; lui seul peut-être aussi pouvait les avoir.

En présence de ces causes de dégoût, il faut que le cœur du catéchiste s'élargisse; il faut, selon l'expression de Bossuet, qu'il dilate ses talents du côté du ciel pour arriver à ce calme que procure l'accomplissement du devoir; car Dieu chérit celui qui donne gaîment et de bon cœur.

Si nous sommes tristes parce que nous sentons une distance trop grande entre nous et notre auditeur, faisons-nous petits; songeons à Dieu, qui est descendu de toute sa hauteur.

La tendresse trouve du plaisir à murmurer des mots incomplets; on est heureux de bégayer les mots pour les apprendre à ses enfants. Une mère est plus heureuse de mettre dans la bouche de son enfant les morceaux qu'elle a mâchés, qu'elle ne le serait en les mangeant elle-même. Faisons comme la poule de l'Evangile : elle couvre les poussins de ses faibles plumes et les appelle tous sous cet asile; ceux qui la fuyent sont la proie des aigles.

Voici ce que disait l'auteur du Télémaque :

« O pasteurs! loin de vous tout cœur rétréci; « élargissez, élargissez vos entrailles. Vous ne « savez rien, si vous ne savez que commander, « que reprendre, que corriger, que montrer la « lettre de la loi. Soyez pères, ce n'est pas assez; « soyez mères, souffrez de nouveau les douleurs « de l'enfantement, à chaque effort qu'il faudra « faire pour achever de former Jésus-Christ dans « un cœur. » — Ainsi donc, l'évêque de Cambrai et celui d'Hippone tiennent le même langage : à travers les siècles leur pensée se rencontre et s'unit ; c'est que, selon la remarque du second, la charité est d'autant plus triomphante qu'elle s'abaisse davantage; et pour ces grands cœurs, l'intelligence et l'amour se confondent et s'absorbent dans l'unité de la foi.

Les comparaisons touchantes et familières qu'Augustin a multipliées, non sans dessein, me dispensent assez d'insister ici sur la valeur morale de pareils préceptes. Il faudrait qu'ils fussent toujours présents à l'esprit de ceux qui parlent aux enfants et aux ignorants. Maîtres et disciples, tout le monde profiterait de ces idées appliquées à l'enseignement profane; et certainement Fénelon instruisant le duc de Bourgogne, ou Bossuet faisant le catéchisme aux enfants de son diocèse, malgré tout leur génie ne suivaient pas une autre méthode.

Le dédain du beau style, l'insouciance de la forme seraient presque excusables, s'ils étaient compensés par l'onction et la tendresse que saint Augustin a réclamées si éloquemment du catéchiste.

Quant au fond même de l'enseignement, il n'y avait pas moyen de s'égarer; la route, dit l'évêque d'Hippone, est frayée d'avance; mais en cas d'erreur, il faut bien vite revenir sur ses pas.

Le néophyte avait le droit d'interrompre et de critiquer celui qui l'instruisait; cela ne faisait qu'augmenter sans doute l'embarras du catéchiste; aussi bien, tous n'avaient peut-être pas la modestie d'Augustin, et ne disaient pas avec lui: « Souvent moi-même, revoyant ce que j'ai dit, « j'y blâme certaines choses; j'ignore comment « on les a prises, et ma charité souffre à l'idée « que l'erreur a pu être acceptée volontiers. »

Quand il recommandait ensuite la résignation en face des critiques malveillantes et passionnées, pensait-il à ce Petilianus qui l'avait couvert d'outrages, à ce Cresconius qui avait eu le courage de lui reprocher ses erreurs passées? Je ne sais; mais il est impossible de trouver rien de plus moral, de plus applicable à la vie de tous les jours, de plus chrétien enfin que tous ces conseils; rien n'en égale la hauteur, si ce n'est la réflexion qui les couronne. Le succès importe peu, Dieu voit nos efforts, il ne nous abandonnera pas.

Avec cette pensée, le catéchiste doutera-t-il encore du résultat? Cette confiance toute religieuse qui rend l'orateur sûr de lui-même, parce que le succès dépend du Dieu qu'il prêche, n'est pas de tous les siècles. Ainsi, on a reproché à Massillon d'avoir trop complaisamment approprié son éloquence aux instincts philosophiques du dix-huitième siècle, et on a eu raison; il semble en effet désavouer les mystères, qui sont le fond de la religion, pour se réfugier dans la morale, qui est de tous les siècles et indépendante de tous les dogmes. Mais il ne pouvait pas faire autrement, et la seule chose qu'il aurait fallu conclure de là, c'est que la parole sacrée a des allures bien plus libres et bien plus franches dans les siècles de foi. L'orateur trouve du plaisir dans les labeurs mêmes de la prédication; il sait d'avance qu'ils ne seront pas stériles. Alors, comme l'a dit Balzac en parlant de Cicéron, pour l'homme qui se croit le représentant de Dieu, l'éloquence religieuse « est une éloquence née au commandement et à la souveraineté, tout efficace et toute pleine de force ; elle agit s'il se peut par la parole plus qu'elle ne parle. Elle ne donne pas seulement à ses ouvrages un visage, de la grâce et de la beauté, comme Phidias ; mais un cœur, de la vie et du mouvement, comme Dédale.[1] ».

Quel plaisir de revenir à la lecture et à la méditation après avoir ainsi parlé sous l'inspiration de l'âme ! Comme le prêtre est en droit de demander à Dieu qu'il lui parle selon ses désirs, si lui-même l'a fait parler selon son pouvoir !

Tout cela, reconnaissons-le, c'est bien plus la rhétorique personnelle d'Augustin, sa méthode à lui, qu'une méthode à l'usage de tous les prédicateurs. Cette foi ardente, cette confiance pieuse, cette charité qui anime tout, il n'y a que le cœur des Augustin ou des Fénelon qui puisse y atteindre et y échauffer leur génie au profit des âmes. Chez eux, l'amour chrétien agrandit l'esprit ; c'est lui aussi, selon saint Augustin, qui jette un voile sur les ennuis qui attendent l'homme obligé de se répéter sans cesse. « Car le « sentiment d'une âme sympathique est si puis- « sant qu'il nous transforme les uns dans les au-

[1] Balzac, *Discours* 6e, 2e dissert. critique.

« tres; le plaisir que les auditeurs ont à nous « entendre, et nous à voir qu'ils profitent, pas- « sera d'eux en nous et de nous en eux; ils disent « pour ainsi dire en nous les choses qu'ils appren- « nent, et nous apprenons en quelque sorte en « eux ce que nous leur montrons. »

Ces éloquentes remarques sont surtout vraies de la parole improvisée : la puissante réaction de l'auditeur sur l'orateur, est certainement une des conditions de succès dont il importe le plus de tenir compte. Saint Augustin, dans ses sermons, laisse souvent percer les sentiments que fait naître en lui la vue de son auditoire; quelquefois il interrompt sa marche, change de plan et même de sujet, parce qu'il a reconnu un donatiste, un manichéen parmi ses auditeurs, et qu'il veut le ramener; alors il ne parle plus que pour lui. Les fidèles le savent, le laissent faire et profitent d'une instruction qui ne sera pas perdue pour eux; car elle ne fera que les affermir dans les principes de la foi, ou les prémunir contre les séductions de l'hérésie.

Pour Augustin, l'orateur sublime, c'est celui qui sait faire couler les larmes et mêler les siennes à celles de l'auditoire : il ne semble pas croire qu'une charité prompte à s'émouvoir, un cœur ouvert aux bonnes passions, puissent manquer à l'orateur évangélique. Illusion touchante du génie et de la piété ! Cette théorie de la sympathie oratoire n'est pas une idée isolée chez l'évêque d'Hippone ; nous la retrouverons dans le quatrième livre de la *Doctrine chrétienne*. Il faut avouer aussi que la transfusion des âmes sous l'influence oratoire pouvait s'opérer bien plus aisément au quatrième siècle que de nos jours, ou même que du temps des Bossuet et des Fénelon. Certes, le génie n'a pas manqué à nos grands sermonnaires. Mais ils se sont trouvés, pour l'éloquence pathétique, dans des circonstances infiniment moins heureuses que les Pères : ils expliquaient un dogme déjà ancien, connu de tous, adopté par tous : ils n'avaient plus affaire à des individus, mais à la foule ; et rarement on passionne les masses avec des arguments métaphysiques et abstraits. Si l'orateur n'est pas un Bourdaloue ou un Massillon, il ne peut plus compter sur cet aliment que fournit à sa verve l'aspect d'une foule émue ; il n'a plus d'autre sentiment que celui de son embarras à répéter des choses connues de tous ; il sait bien aussi qu'il n'y a plus rien de nouveau ni pour lui ni pour les autres dans les idées qu'il développe.

Maury, dans son *Essai sur l'Éloquence de la chaire*, a bien compris la nature des rapports et de la sympathie qui doivent unir le prédicateur chrétien à son auditoire ; il les compare à deux amis : l'un d'eux veut détourner l'autre d'une action contraire à ses intérêts ou à son devoir ; il emploie successivement l'adresse, la raison, la douceur, tout est inutile : à la fin il parle à son imagination, il supplie, il pleure. Le zèle d'une affection passionnée triomphe là où tous les moyens avaient échoué.

Cette fiction n'est qu'une image naïve de la vérité. L'éloquence religieuse emprunte presque toute sa force à l'imagination. Oui, l'orateur avant de parler doit mettre devant ses yeux cet auditoire fictif qu'il avertit, qu'il réveille, qu'il excite. C'est à la condition de bien se représenter le résultat probable de toutes ses paroles, qu'il aura assez de liberté d'esprit pour pouvoir sympathiser complétement avec une assemblée que sa voix instruit et remue.

Mais alors l'œuvre oratoire, la persuasion est déjà accomplie, et Maury ne prévoit pas le cas où l'auditoire reste froid parce que le sujet ne lui semble pas intéressant. Saint Augustin y pense, et pose en fait que l'orateur chrétien en présence de ces vérités éternellement les mêmes, doit faire ce que se proposait l'éloquence antique, au dire d'Isocrate : il doit rajeunir ce qui est ancien, donner de la grandeur à ce qui est humble. Son mérite sera d'en renouveler l'intérêt pour lui-même et pour les autres : il est comme un homme qui montre à des étrangers un beau paysage devant lequel l'habitude le laissait indifférent : son plaisir se renouvelle en voyant les sentiments de celui qui voit ce lieu pour la première fois. Plus on aimera ses auditeurs, plus on ressentira leurs émotions avec vivacité, et plus on trouvera neuves les choses qui étaient anciennes : le vieil homme se renouvelle : sa parole ordinairement est froide, il va s'animer par cela seul qu'il est compris.

La douceur et la complaisance sont indispensables en présence des esprits lourds et tardifs ; il ne faut jamais perdre courage. On doit toujours espérer, comme disent à-la-fois Augustin et Fénelon, que Dieu les éclairera intérieurement. Si la fatigue prend le dessus, c'est au catéchiste à piquer sa curiosité en racontant quelque fait merveilleux ; il peut encore entretenir l'auditeur de lui-même. Son attention piquée pour son propre compte le tiendra éveillé. Qu'on se garde bien surtout de heurter trop vivement ses idées. Enfin, est-il trop las ? qu'on lui offre un siége.

Dans son ouvrage, Maury consacre un chapitre entier à ce qu'il appelle l'égoïsme oratoire; il permet au prédicateur de parler de soi avec esprit et convenance. Pour moi, je pense avec Fénelon que l'orateur nous touchera bien plus sûrement en nous occupant de nous-mêmes et de nos intérêts, qu'en nous entretenant de lui, eût-il tout l'esprit et toute l'habileté de l'abbé Maury.

Aujourd'hui, il peut sembler étrange qu'un évêque n'ait pas osé prendre sur lui d'autoriser formellement les néophytes à s'asseoir depuis le commencement de l'instruction jusqu'à la fin. Cela ne s'explique que par un respect infini pour la tradition : quelle qu'elle fût, saint Augustin ne se croyait pas le droit d'y rien changer, dès qu'elle était consacrée par une longue habitude; il n'ignorait pas enfin que les petites innovations mènent aux grandes.

Quand le regret d'avoir quitté une occupation nécessaire trouble l'âme et rend pesantes les fonctions du catéchiste, il n'a qu'à se demander si ce qu'il interrompt est réellement plus important que ce qu'il va faire. Sait-il quels sont devant Dieu les mérites de nos actions?

Augustin admet à peine qu'un prêtre puisse s'occuper d'autre chose que du salut des âmes. C'est un souvenir de sa propre vie, consacrée tout entière à la charité et à l'instruction de ses frères.

L'amour chrétien, chez lui, ressemble à ces motifs de musique qui reviennent toujours les mêmes avec des chutes diverses pour s'emparer de l'oreille et s'imprimer dans le cœur. Ainsi, tout-à-l'heure, il soutenait l'homme contre lui-même; maintenant il le fortifie contre les causes extérieures de découragement. Un scandale a-t-il lieu dans l'Église, que l'idée de réparer le mal nous soit une consolation. Nous sommes tristes parce que la concupiscence est en nous : réjouissons-nous alors quand l'occasion se présente de faire une œuvre de miséricorde, et de jeter ainsi l'eau sur le feu des passions.

A toutes les époques, la religion chrétienne a été chercher jusque dans les profondeurs de l'âme ces défaillances de la volonté, ces tristesses qui se repaissent d'elles-mêmes. Voici comment Nicole les combat : sa pensée continue et commente pour ainsi dire les paroles d'Augustin[1].

« Il ne faut pas se laisser conduire par les « mouvements de tristesse ; il faut laisser là « cette amertume qu'elle répand dans le cœur, « et agir comme si on n'en avait point, car « l'esprit, gouverné par une volonté ferme et « forte, se détache ainsi peu-à-peu des objets « de tristesse, et se remplit d'autres objets : il « conçoit d'autres mouvements, et donne lieu « par là aux humeurs qui causent le chagrin de « se dissiper. Outre cela, l'action est extrême- « ment propre aux personnes tristes, et rien ne « leur nuit davantage que l'oisiveté, parce qu'elle « leur permet d'entretenir leurs pensées, et « que l'imagination dominée par la mélancolie, « n'étant capable de présenter à l'esprit que des « objets tristes, augmente cette maladie et la « porte souvent aux extrémités. »

Mais Nicole, pour guérir ce qu'il appelle si énergiquement une maladie, ne trouve que la distraction là où saint Augustin ordonne la charité : chez lui ce sentiment suffit à tout.

Démosthène disait que la grande qualité de

[1] Nicole. *Décalogue,* 8e introduction. De la charité envers soi-même.

l'orateur était l'action : pour l'évêque d'Hippone, c'est la charité avec toutes les vertus qui s'y rattachent. Son livre semble plutôt s'adresser au cœur qu'à l'esprit, c'est un traité de l'onction écrit par un grand génie. Mais, dira-t-on, un pareil don peut-il s'enseigner, se transmettre? Oui, dans une certaine mesure, car il y a une instruction pour le cœur comme il y en a une pour l'esprit, et elle est peut être aussi complète que l'autre. En se bornant à en développer les principes généraux, il savait bien ce qu'il faisait. Sa propre expérience lui avait appris que quand le cœur est plein d'un sentiment, l'esprit sait toujours bien trouver des mots et des tours pour l'exprimer. Aussi, ne fait-il que commenter en chrétien le vieil axiome qui disait : *pectus est quod disertum facit.*

C'est la gloire du christianisme d'avoir substitué aux développements logiques et aux lieux communs de l'ancienne rhétorique une simplicité qui, parlant à l'âme bien plus qu'à l'esprit, est aussi plus à la portée des ignorants et du vulgaire. Ses horizons sont moins vastes en apparence, le résultat est plus précis, plus net pour la conscience qui le mesure et l'apprécie.

A voir la savante énumération des diverses

circonstances dans lesquelles le catéchiste peut avoir à parler, on croirait lire un de ces chapitres où Aristote expose tous les moyens qui aideront l'orateur à faire valoir telle ou telle cause.

Mais on sent que l'expérience est venue féconder les souvenirs de l'École. « Moi-même, dit « Augustin, je suis impressionné différemment « selon les différentes personnes que je vois au-« tour de moi. Si l'on a pour tous la même « charité, on ne doit pas à tous les mêmes re-« mèdes. La charité descend avec ceux-ci; elle « s'élève avec ceux-là. Elle est caressante pour « les uns, sévère pour les autres. Ceux qui « voient mes faibles succès auprès du peuple « m'estiment bien heureux. Mais Dieu, qui en-« tend mes gémissements, connaît mes an-« goisses et mes labeurs infinis. Aussi, je pense « que vous apprendriez mieux en me voyant et « en m'entendant parler qu'en lisant des con-« seils écrits. »

Ici, saint Augustin termine la série des instructions qu'il devait à son ami, et il se met lui-même à l'œuvre pour lui montrer par son exemple comment peuvent s'appliquer les principes qu'il a développés. Ce morceau doit nous intéresser à plus d'un titre, car nous y voyons de quelle manière la religion s'enseignait au quatrième siècle.

L'orateur félicite le néophyte d'avoir eu l'idée de demander à l'Église un calme et un repos qui ne sont pas de ce monde.

Plusieurs sermons de saint Augustin prouvent que c'était un des textes les plus goûtés dans ce temps désastreux : on conçoit quel charme devaient avoir ces idées de repos et de calme éternel, quand la vie de tous était si incertaine et si tourmentée.

La religion seule ose promettre le bonheur que ne donnent ni la richesse ni les plaisirs de la boisson ou du théâtre, car il fallait bien appeler par leur nom les maladies de cette société sensuelle et corrompue. Les dernières classes de la société n'étaient pas les seules à mériter de pareils conseils. Saint Jérôme donnant des avis à une noble dame romaine, à Læta, pour l'éducation de sa fille, croyait devoir insister sur la nécessité d'éloigner des femmes la passion du vin. Mais revenons au sermon d'Augustin.

Après avoir parlé de ces hommes qui se font chrétiens dans des vues d'intérêt; après leur avoir opposé les vrais fidèles qui ne demandent à la religion que les félicités d'en haut, il arrive à la narration des faits qui composent l'histoire de la Religion, prise à son berceau, et continuée jusqu'au temps présent : tout y est vu sommairement. Cette manière de parcourir les siècles comme les coursiers d'Homère parcouraient le monde, a quelque chose de grand et qui plaît à l'imagination. Le passé ne sert qu'à éclairer le triomphe de l'Église. C'est du choix plus ou moins heureux des épisodes que devait dépendre l'édification du catéchumène dans cet enseignement exclusivement historique. Aussi, Augustin a-t-il grand soin de ne prendre que les faits principaux et dominants, et de les isoler comme il l'avait recommandé à Deogratias. Le raisonnement les met en lumière. L'immortalité de l'âme est indiquée ; mais comme c'est un argument trop philosophique pour beaucoup d'esprits, l'auteur insiste bien plus sur le jugement dernier, qui condamne les uns à des châtiments éternels, tandis que les autres jouiront d'une félicité inaltérable.

Le discours que nous venons d'analyser est long dans l'original. Le catéchiste, chargé d'instruire beaucoup de personnes, ne peut pas faire pareille chose pour chacun : les néophytes eux-mêmes n'auraient peut-être pas le temps de l'entendre. Augustin le sent bien, et il en refait un second beaucoup plus bref, qui résume le premier.

Nous sommes enfin arrivés au terme de notre exposition; peut-être l'aura-t-on trouvée un peu longue. Mais ce Traité contient la première partie de la Rhétorique d'Augustin. Le quatrième livre de la Doctrine chrétienne n'en sera que la suite et comme la conséquence.

C'est lui qui nous a donné le secret de cette éloquence que nous ne savons plus retrouver sous son enveloppe sévère. Grâce à lui, nous comprenons ces succès qui étonnent notre goût. Si Platon a dit avec raison que la rhétorique, au cas qu'elle existât, n'était que l'art de mener les cœurs ψυχαγωγεῖν, la méthode d'Augustin eût enchanté Socrate. Elle n'exige de l'orateur que la charité et la connaissance du cœur humain. La variété de ses prescriptions aboutit à deux mots: l'amour de Dieu et l'amour des hommes.

Aussi, je n'hésite pas à le déclarer, c'est évidemment une rhétorique toute personnelle, c'est la confidence d'un grand cœur, et bien peu d'orateurs en pourront tirer parti. Elle suppose une réunion trop rare de qualités intellectuelles et morales. Les Fénelon seuls y peuvent atteindre.

et l'on peut douter qu'ils aient jamais formé la majorité de l'Église, même au quatrième siècle, cet âge d'or de la foi chrétienne.

Aussi, ailleurs, Augustin revêtira tous ces détails si bien sentis d'une forme plus régulière et plus didactique; il semblera revenir à une rhétorique moins haute : il n'en est rien. Mais les sentiments deviendront des idées; ses conseils, au lieu de parler au cœur seulement, s'adresseront à l'intelligence. La religion n'y perdra rien.

Encore un mot sur ce livre si original et si chrétien. Notre pays lui doit une admiration particulière; car il a fourni à l'auteur des Dialogues sur l'Éloquence presque tous ces aperçus qui nous paraissent si neufs et si profonds. Nous le verrons surtout en parlant du quatrième livre de la Doctrine chrétienne, qui n'est, je le répète, que l'application du Traité que nous avons essayé de faire connaître.

Ce n'est pas là seule fois que les idées d'Augustin aient séduit Fénelon; il y revient dans son Traité sur l'éducation des Filles, ce livre, dont jamais personne n'a contesté la haute valeur littéraire et morale. Plusieurs chapitres sont consacrés à l'instruction religieuse qui convient aux enfants. Il veut que l'on insiste sur le côté historique du christianisme, qu'on ne craigne point d'y mêler les saintes traditions; « car, dit-il, quoi« qu'elles semblent allonger l'instruction, elles « l'abrégent beaucoup et lui ôtent la sécheresse « des catéchismes, où les mystères sont détachés « des faits : aussi, voyons-nous qu'anciennement « on instruisait par les histoires. La manière ad« mirable dont saint Augustin veut qu'on in« struise tous les ignorants n'était pas une « méthode que ce Père eût seul introduite : c'é« tait la méthode et la pratique universelle de « l'Église. »

Le côté poétique du christianisme, ses belles légendes attirent le futur auteur du Télémaque; il montre comment toutes ces histoires, ménagées discrètement, feraient entrer avec plaisir dans l'imagination vive et tendre des enfants toute la suite de la religion. Mais chez Fénelon, l'artiste se montre aussi à côté du prêtre; aussi, permet-il d'ajouter au discours la vue des estampes et des bons tableaux; « *car la force des couleurs, la « grandeur des figures au naturel frapperont en« core davantage.* » Il veut que le plaisir fasse tout, et qu'on se garde bien surtout de faire aux enfants des leçons réglées d'instruction religieuse. Rien de simple et de charmant comme la manière dont il veut qu'on apprenne aux jeunes filles à trouver elles-mêmes Dieu, leur âme, et les principales vérités de la religion.

Ces détails montrent les différences qui séparent Fénelon et saint Augustin. Le premier a en vue des enfants élevés chrétiennement, qui n'ont à apprendre que l'esprit et comme la fleur de la religion. Augustin parle pour des hommes faits et vieillis dans le polythéisme : il faut tout leur apprendre, l'esprit comme la lettre du christianisme : ne leur en montrer que la poésie, ne s'adresser qu'à leur imagination, c'eût été les laisser païens. De là cette gravité sévère qu'Augustin recommande au catéchiste, à la condition qu'il saura la tempérer par les douceurs infinies de la charité. De là aussi cette hauteur toute religieuse qui nous étonne. Mais au quatrième siècle le christianisme luttait : au dix-septième, il régnait.

CHAPITRE V.

ANALYSE CRITIQUE DU QUATRIÈME LIVRE

DE LA DOCTRINE CHRÉTIENNE ET CONCLUSIONS.

CHAPITRE V.

ANALYSE CRITIQUE DU QUATRIÈME LIVRE DE LA DOCTRINE CHRÉTIENNE

CONCLUSIONS.

Le traité que nous avons essayé de faire connaître est complet en soi, si l'on y cherche surtout la méthode du grand docteur : il était bien suffisant pour un prêtre qu'auraient animé la charité et l'esprit d'Augustin.

Les principales difficultés qui peuvent se présenter au catéchiste y sont abordées et résolues simplement et chrétiennement. Mais il ne suffit pas de donner à l'âme les principes de la foi; il faut les entretenir, les développer : comment s'y prendra l'orateur chrétien? Pour prêcher comme pour catéchiser, est-ce assez d'exposer l'histoire de la religion en y ajoutant quelques réflexions morales? Tel est le problème qui se présente à l'esprit quand on a lu le *Traité sur l'art de ca-*

téchiser. Augustin va le résoudre dans un de ses livres les plus forts quant aux dogmes, et les plus complets quant aux développements.

Le *Traité de la Doctrine chrétienne* est sans contredit un des ouvrages qu'il affectionnait ; il le retoucha deux fois, sans doute parce qu'il jugeait la matière assez considérable pour mériter tous ses soins. Cet ouvrage est comme une clé de la méthode qu'il a suivie dans ses *Commentaires sur l'Écriture*. Aussi, les Bénédictins l'ont-ils mis au commencement du troisième tome de leur édition ; il y sert de préface aux commentaires qui remplissent les volumes suivants.

Augustin le commença quelque temps après son épiscopat, c'est-à-dire vers l'an 397 ; il ne l'acheva pas d'abord, et s'arrêta au vingt-cinquième chapitre du troisième livre. Tout incomplet qu'il était, il le laissa paraître. Plus tard, en faisant la revue de ses écrits, avant de composer ses *Rétractations*, il voulut l'achever. Nous savons, par une lettre adressée à un nommé *Quodvult-Deus*, que ses *Rétractations* sont la dernière œuvre de sa vie, puisqu'il y travaillait le jour, et réservait ses nuits à réfuter Julien [1]. La mort ne

[1] Lettre CCXXIV. Cette lettre était écrite en même temps que la réfutation de l'hérésiarque Julien.

lui permit pas d'achever le livre de CONTROVERSE; mais le *Traité de la Doctrine chrétienne* fut terminé.

On aime à penser qu'Augustin, après avoir commencé sa vie dans l'enseignement de la rhétorique profane, mourut en s'occupant encore de cet art oratoire que le christianisme avait sinon agrandi, au moins rendu plus moral. Ne dirait-on pas que la Providence, en rapprochant les deux termes de sa vie par une pareille circonstance, a voulu montrer que la nature est plus forte que la volonté la plus puissante, et que la religion peut bien modifier l'âme, mais non détruire ses instincts.

Les trois premiers livres, est-il dit dans les *Rétractations*, servent à l'intelligence des écritures : le quatrième contient la manière de mettre au jour et d'expliquer les vérités divines qui y sont cachées, c'est-à-dire, en langage moderne, l'art de développer les idées fournies par la *Bible*. « Quoique toutes choses, dit-il dans un spirituel prologue, eussent pu se faire par le ministère d'un ange, la condition humaine eût été misérable si Dieu n'eût pas voulu communiquer sa parole aux hommes par l'intermédiaire des hommes. Saint Paul se serait trompé en disant :

« Le temple de Dieu est saint, et c'est vous qui « êtes ce temple. » Enfin, comment la charité qui unit si étroitement les hommes, pourrait-elle entretenir le mutuel épanchement des cœurs s'ils n'avaient, rien à apprendre les uns des autres? »

Cette dernière réflexion nous ramène bien naturellement à l'auteur du *Traité sur l'art de catéchiser*. C'est toujours le même sentiment qui l'inspire ; mais ici les conditions sont changées. Il ne s'agit plus de parler à un néophyte qui écoute avec ardeur ou avec patience parce qu'il veut à tout prix devenir chrétien ; il faut retenir dans le sein de l'Église ces âmes faibles, ces cœurs corrompus que l'hérésie sollicite de toutes parts, tandis que le catholicisme les étonne ou les gêne. Combien de difficultés à surmonter! Quelle onction, quelle habileté, quelle éloquence le prédicateur devra trouver en lui pour faire face aux périls de la foi!

Dans l'ancienne liturgie, le sermon faisait partie de la messe; il venait après la lecture de l'*Évangile*. L'orateur devait donc maintenir l'esprit des fidèles dans le haut état où l'avaient placé les solennités du culte. Il fallait en même temps que sa parole fût forte et brève : aussi, les sermons prononcés pendant la messe étaient en général fort courts. La messe n'était pas d'ailleurs le seul moment où la parole sainte fût expliquée aux fidèles.

L'Église n'accordait qu'à l'évêque le droit de parler, afin de ne pas commettre son salut et sa défense à des voix incapables. Saint Augustin fut le premier dans l'Église latine qui parla sans être évêque, et il dut ce privilége à des circonstances particulières, au moins autant qu'à la hauteur d'un talent qui s'était révélé avec éclat.

La même chose en Orient n'avait eu lieu que pour saint Jean Chrysostome et pour Origène. On concevra quelle importance l'Église attachait à la prédication, si l'on se rappelle que, pendant le sermon, elle était ouverte à tout le monde, même aux infidèles. Aussi, les Pères n'y parlent des mystères que par allusion ; c'est pour cela encore que dans les sermons on trouve tant de morceaux qui s'adressent évidemment aux hérétiques ou aux païens.

Qu'on se représente une de ces immenses basiliques que le christianisme et la magnificence des empereurs avaient multipliées dans les grandes villes : qu'on se mette devant les yeux cette foule d'auditeurs rangés par ordre ; les hommes d'un côté, les femmes de l'autre : les vieillards sont au premier rang; les pères et les mères tiennent devant eux les petits enfants, car on les menait à l'église quand ils étaient baptisés. Les jeunes gens sont debout, et quand l'église a des galeries, les femmes y montent pour être mieux séparées des fidèles et moins exposées aux regards indiscrets ou à des distractions profanes. Les diacres circulent de rang en rang pour voir si chacun est attentif, si personne ne dort ou ne rit. On a fini de lire l'*Évangile*. L'évêque est sur un trône, au fond de la basilique, à un endroit où tous le peuvent voir, au milieu des prêtres qui l'environnent à droite et à gauche dans le demi-cercle de l'abside; les diacres sont debout en sa présence. Tous les regards se tournent vers lui. Il va parler après Dieu, et avant que la victime sainte ne soit immolée. Quelle attente! Quel tremblement devait saisir l'orateur qui songeait à lui, à ceux qui l'écoutaient et au lieu où il parlait! Comment trouver dans toutes les églises des orateurs capables de suffire à un tel moment! Aussi, prit-on l'habitude de réduire le sermon à n'être que le commentaire de l'évangile du jour.

Souvent on prenait un livre entier de l'*Écriture*, et on l'expliquait en détail. Nous avons des exemples de ces interprétations suivies dans la plupart des sermons de saint Jean Chrysostome et dans les traités de saint Augustin sur saint Jean.

Cette méthode de commenter les livres saints avait l'avantage de soulager un peu les évêques qui n'avaient pas le temps de se livrer à la préparation oratoire qu'eût exigée un sujet librement choisi. Enfin, il était bon de remettre sans cesse sous les yeux des fidèles ces dogmes qu'ils ne connaissaient qu'un peu confusément, et peut-être qu'une autre forme de prédication serait arrivée moins heureusement et moins vite à cet important résultat.

Cet art de commenter et de traduire les livres saints d'une manière orthodoxe offrait déjà de bien grandes difficultés. Saint Augustin, qui avait passé sa vie à réfuter les hérésiarques, le savait mieux que personne, et c'est ce qui lui inspira l'idée de son *Traité de la Doctrine chrétienne.*

Les trois premiers livres semblent étrangers au dernier; pourtant un lien intime les y rattache : car, si le prêtre ne sait pas développer la vérité qu'il possède, sa doctrine n'est qu'une œuvre morte.

Je ne résumerai pas ici les trois premiers livres de la *Doctrine chrétienne ;* ils roulent sur des matières exclusivement théologiques dont j'ai indiqué le rapport général avec mon sujet. Si on veut en avoir un abrégé intelligent et rapide, on n'a qu'à lire Ellies Dupin, ce critique si compétent en fait de doctrine religieuse[1].

Qu'on me permette donc de supposer le ministre de la parole sainte suffisamment instruit de la vérité chrétienne.

Quels moyens saint Augustin va-t-il lui donner pour nous la transmettre éloquemment?

Qu'on n'attende pas de lui une rhétorique systématique et savante comme celle d'Aristote, comme certains traités de Cicéron. Cette méthode philosophique, cet ordre didactique ne sont plus du quatrième siècle. Ces qualités mêmes ne conviennent pas au génie d'Augustin. Comme dit Pascal, il suivait plutôt l'ordre du cœur que celui de l'esprit. Dans l'éloquence comme dans la théologie, comme dans la morale, il découvre d'un premier effort de génie les lois essentielles. Il vivifie ces principes abstraits par la charité, c'est-à-dire par ce sentiment qui part de l'homme pour aboutir à Dieu. De là na-

1 *Bibliothèque des Auteurs ecclésiastiques,* tome III.

turellement un profond dédain pour les détails. Augustin ne s'en cache point. Ce n'est pas qu'il regarde comme inutiles les règles de la rhétorique qui s'enseigne dans les écoles. Son aveu est formel. L'éloquence profane n'existe pas pour lui. Aussi, c'est une rhétorique à l'usage des ministres de l'Église qu'il prétend fonder. Ce point de vue peut sembler exclusif; mais après tout, avec toutes leurs formules, toutes leurs recettes, qu'ont produit les rhéteurs du troisième et du quatrième siècle? Peut-être l'éloquence religieuse était-elle la seule praticable dans un temps où il n'y avait plus de vie politique, et où l'Église était le centre de la société civile.

Selon Augustin [1], la rhétorique est une faculté dont le développement est légitime partout et en toutes circonstances.

Ici, il juge encore une fois au point de vue chrétien l'esprit et les tendances de cet art, et, fidèle à ses anciennes idées, il s'écrie : « Quoi ! « celui qui défend l'erreur saura se faire écou- « ter, exciter l'intérêt, opérer la conviction; il « saura exprimer ses idées avec précision et

[1] *Doctrine chrétienne,* livre IV, chap. I, p. 99.

« clarté, et un chrétien n'aurait pas ce droit ! »

La question ainsi posée n'offre plus de doute, et Augustin n'hésite pas à déclarer que dans l'intérêt de la vérité, les fidèles doivent travailler à devenir éloquents.

J'ai exposé ailleurs la défense si simple que le bon sens de saint Augustin opposait aux fins de non-recevoir invoquées contre l'art par le grammairien Cresconius. Ici, il va plus loin; il recommande positivement l'éloquence à l'orateur évangélique.

Certes, ce n'est pas un spectacle médiocrement curieux de voir le christianisme, au quatrième siècle, proclamer la rhétorique légitime et même nécessaire, lui qui, naguères, par la bouche de son plus grand apôtre, se vantait de mépriser les persuasions de la sagesse humaine. Faut-il donc l'accuser de contradiction? Non, car du jour où les persécutions cessèrent, la puissance de la parole devait succéder à celle des œuvres. Plus tard encore n'a-t-on pas vu au dix-septième siècle le Catholicisme, après sa lutte armée contre les Protestants, tâcher d'affermir par la voix de Bossuet ses dogmes si rudement attaqués.

Tout système politique ou religieux à l'état

militant, par cela seul qu'il lutte, a besoin de propager les principes qui le constituent, autrement il renoncerait à la domination. Dès-lors, l'éloquence lui devient indispensable, puisqu'elle n'est que le don ou l'art par lequel l'homme agit sur l'homme, et une fois l'éloquence née, la rhétorique la suit comme l'ombre suit le corps. Car ce n'est pas seulement un ensemble de règles capables de faire produire tel ou tel effet, c'est la faculté de découvrir les conditions imposées à tout homme qui veut se faire écouter : elle est à l'éloquence ce que le goût est au génie, ce que la réflexion est à l'instinct.

Après ces remarques que nous inspirait si naturellement notre sujet, observons encore comme la pensée de saint Augustin s'élève dès le début à une hauteur philosophique. Qu'on rapproche de cette discussion élevée et morale le magnifique éloge que Cicéron fait de l'éloquence dans les mêmes circonstances à-peu-près, et l'on verra que dans la pensée de l'orateur romain, c'est le succès qui légitime l'art. Il se préoccupe avant tout de la gloire et de l'autorité que la parole donne à l'orateur. Saint Augustin, au contraire, reste dans la question de principe : l'effet moral et salutaire que l'éloquence peut avoir pour le salut des âmes et la défense de la vérité, voilà ce qu'il considère; il ne l'accepte enfin que parce qu'il trouve dans la conscience humaine les titres qui la légitiment.

C'est pour cela aussi qu'il suppose que dès la jeunesse on a étudié les règles qui s'enseignent dans les écoles.

La prédication évangélique ne devait pas, comme l'ont pensé Rapin et avec lui plusieurs critiques, faire découvrir un nouveau monde dans la rhétorique. Quand le prêtre développe les mystères de la foi, les obligations qu'elle nous impose, son but, en dernière analyse, est d'agir sur l'âme, et pour cela, il doit, comme tous les autres orateurs, instruire, plaire et toucher. Augustin ne fait ici que suivre la définition de tous les anciens rhéteurs. Après tout, elle est inattaquable. Augustin n'a pas trouvé mieux. Si donc plus loin il substitue à l'étude de la rhétorique le commerce des hommes éloquents, la composition et la lecture, nous ne verrons là qu'une erreur, un pieux remords peut être, et nous passerons outre.

Sans doute, comme il le dit, les gens intelligents, en parlant, ne songent guère aux règles qu'ils ont apprises; ils les oublient même complétement; mais il n'est pas exact de dire qu'ils les observent par cela seul qu'ils sont éloquents. La nature ébauche en nous le talent oratoire : l'art seul peut lui donner la perfection. La composition, la lecture, le commerce des hommes éloquents, qu'est-ce autre chose qu'une rhétorique pratique? Comment en profiterez-vous si l'art ne vous en donne le sens? Augustin se rappelle peut-être ici qu'il a jadis enseigné l'art profane avec des sentiments peu chrétiens, et c'est pour cela qu'il le méconnaît.

Mais il ne tarde pas à revenir aux grands principes de l'antiquité; et voici comme il définit le but que se propose l'orateur : « Celui qui expli-« que l'Écriture doit enseigner à faire le bien, à « fuir le mal; il doit tâcher de gagner ses ad-« versaires, de ranimer l'auditeur inattentif et « de rendre ses idées claires pour tous. La bien-« veillance, l'attention et la docilité, voilà ce « qu'il cherche. »

Je ne puis m'empêcher de rapprocher ce tableau des devoirs de l'orateur chrétien de celui qu'a tracé Cicéron dans un de ses livres de l'Orateur : « C'est à lui qu'il appartient de dire ses « sentiments sur les matières les plus impor-« tantes : c'est lui qui fait sortir tout un peuple

« de son indolence en l'animant, ou qui le re-« tient quand il s'emporte. Y a-t-il quelqu'un « qui puisse plus sûrement inspirer aux hommes « la vertu, ou plus fortement les détourner du « vice ? répandre plus d'aigreur ou plus d'amer-« tume dans un discours lorsqu'il faut décrier « les méchants, répandre plus d'ornements et « plus d'éclat quand il faut louer les gens de « bien ? »

Ainsi donc le prédicateur chrétien se propose exactement la même fin que l'orateur antique : lui aussi il instruit le peuple, l'exhorte, le détourne, lui fait des reproches, le soutient ou l'encourage. Il ne serait pas difficile de montrer que la matière ordinaire de la prédication n'est autre chose que ce que les anciens rhéteurs appelaient une thèse générale. Cicéron ou Hermogène lui-même n'auraient pas inventé pour la classer un nouveau genre de cause, puisqu'un genre de cause n'est dans l'ancienne rhétorique qu'un cas ou un fait particulier.

Si les idées religieuses étaient nouvelles, au temps d'Augustin, la nature morale de l'homme était restée la même. La science et l'érudition ont beau faire, dit un critique éminent, nous en sommes encore où on en était au temps de Cicéron ; la rhétorique a toujours cinq parties et le style trois genres. Cela était encore plus vrai au IVe siècle. Aussi saint Augustin commence franchement par déclarer qu'on prouve par la dialectique, mais qu'à la preuve il faut joindre les mœurs et les passions. « Le but oratoire, dit-il, « n'est atteint que quand celui qui nous écoute « veut les mêmes choses que nous. Pour arriver « à ce résultat, les menaces, les prières, les in- « stances, tous les moyens du pathétique doivent « être mis en usage. Quand l'orateur mêle ha- « bilement la preuve au pathétique et tempère « celui-ci par les bienséances, alors la vérité « devient claire pour nous; elle nous plaît, elle « nous touche. »

Depuis Gorgias, tous les rhéteurs n'ont pas dit autre chose.

Cela prouve seulement que l'axiôme antique repose sur des principes incontestables, puisque les systèmes les plus contraires ont été forcés de s'y soumettre.

Mais Augustin sait bien que tous les prédicateurs ne peuvent pas arriver à l'éloquence : en revanche, tous doivent parler avec sagesse. Être sage, c'est avoir fait des progrès dans l'intelligence des Écritures; il n'y a point d'ailleurs d'éloquence en dehors des livres saints. « Car, « dit-il en citant Cicéron, si la sagesse sans l'élo- « quence n'est pas aussi utile qu'on le voudrait, « l'éloquence sans la sagesse fait de très-grands « maux et jamais de bien. Ceux qui savent par « cœur la lettre de l'Écriture sans en avoir l'in- « telligence sont bien au-dessous des simples qui « la comprennent par l'âme. »

Fénelon, lui aussi, réclamait avant tout de l'orateur sacré une connaissance approfondie de la Bible. Il se plaint souvent que les prédicateurs négligent de rendre claires les citations trop rares qu'ils en font : « On parle tous les jours au peu- « ple, disait-il, de l'Écriture, de l'Église, des « deux lois, des sacrifices de Moïse, d'Aaron, « de Melchisédech, des Prophètes, des Apôtres, « et l'on ne se met point en peine de lui ap- « prendre ce que signifient toutes ces choses et « ce qu'ont fait toutes ces personnes-là : on sui- « vrait vingt ans bien des prédicateurs sans ap- « prendre la religion comme on doit la savoir. » Aussi pouvait-il dire avec à-propos : J'ai vu une femme d'esprit qui disait que les prédicateurs parlent latin en français.

Au IVe siècle il était encore bien plus nécessaire de familiariser les esprits avec les dogmes de la nouvelle religion. Aussi comprend-on qu'Augustin insiste sur l'obligation de retenir les termes de l'Écriture : plus l'orateur est pauvre par lui-même, plus il doit s'enrichir de ces sortes de bien. La parole divine servira de preuve à la sienne. Car, lorsqu'on ne sait pas plaire par les beautés du langage, on peut encore plaire par ses preuves.

Ces preuves, c'est la suite de la religion, c'est la démonstration historique du christianisme. Fénelon, que nous aurons l'occasion de citer encore plus d'une fois dans le cours de cette dissertation, disait que c'était la source la plus féconde où le prédicateur pût puiser ses développements, surtout s'il n'a pas reçu du ciel la faculté oratoire. « Les uns, n'ayant ni la vivacité ni le « génie poétique, expliqueraient simplement « l'Écriture sans en prendre le tour noble et vif, « pourvu qu'ils le fissent d'une manière solide « et exemplaire, et ils ne laisseraient pas que « d'être d'excellents prédicateurs. Ils auraient « ce que demande saint Ambroise, une diction « pure, simple, claire, pleine de poids et de gra- « vité, sans y affecter l'élégance ni mépriser la « douceur et l'agrément. Les autres, ayant le « génie poétique, expliqueraient l'Écriture avec

« le style de l'Écriture même, et ils seraient par « là des prédicateurs achevés. Les uns instrui- « raient d'une manière forte et vénérable ; les « autres ajouteraient à la force de l'instruction « la sublimité, l'enthousiasme et la véhémence « de l'Écriture, en sorte qu'elle serait pour ainsi « dire tout entière et vivante en eux, autant « qu'elle peut l'être dans des hommes qui ne « sont pas miraculeusement inspirés d'en haut.»

En 1684, l'abbé Fleury et Fénelon avaient suivi Bossuet dans son diocèse de Meaux, pour y établir des missions et partager avec lui tous les soins de son ministère. On se représente volontiers Bossuet et Fénelon en présence des hérétiques accourus pour les entendre. Tous deux expliquent l'Écriture avec *le style de l'Écriture*, tandis que le savant et modeste Fleury racontait, dans ce langage calme et doucement orné qu'on lui connaît, l'histoire du dogme que ses illustres amis interprétaient avec leur âme et leur génie. Mais revenons à Hippone, et écoutons son pieux évêque.

La lecture intelligente de la Bible, la fréquentation de ceux qui parlent éloquemment, sont les deux meilleurs moyens d'arriver à cette sagesse qui est la base de l'éloquence.

Dans les écrivains sacrés les deux qualités sont toujours réunies ; quand on les comprend, rien ne semble plus éloquent ni plus sage : on peut même avancer que ceux qui les entendent comme il faut, comprennent qu'il y a une éloquence proportionnée à ces hommes divins ; c'est celle-là qu'ils ont suivie, nulle autre ne leur convenait, et celle-là ne pouvait convenir à d'autres. Plus elle paraît faible et rampante, plus elle s'élève au-dessus de l'éloquence profane par sa naturelle et solide sublimité. En effet, de même qu'en poésie, souvent le mot simple est plus poétique que toutes les circonlocutions qui essaieraient de le remplacer, dans l'éloquence aussi, en bien des occasions, un style nu est plus puissant à produire le sublime que tous les ornements du langage. Jetez un manteau sur les épaules de la Vénus de Médicis, la moitié de sa beauté disparaît. C'est surtout à l'éloquence des apôtres qu'on pourrait appliquer le mot spirituel de Labruyère : Elle est rarement où on la cherche, et quelquefois elle est où on ne la cherche pas.

Il est vrai qu'Augustin la suppose là où il ne l'aperçoit pas. Son aveu est formel : « Quand je « rencontre des mystères et des profondeurs,

« j'avoue que l'éloquence est pour moi moins « sensible, mais je ne doute pas qu'il n'y en ait « autant que dans les endroits où je comprends. »

Ne sourions pas à la vue de cette foi robuste; ce qui la justifie à ses yeux, c'est la grandeur ordinaire des idées et du langage. S'il en avait le loisir, il montrerait que toutes les merveilles de l'éloquence sont dans les livres saints. Ce qui l'étonne, ce qui le subjugue, c'est de voir la mesure parfaite qu'ils ont su garder partout. Ce sentiment de la mesure, cet amour chrétien de la discrétion en tout se retrouve chez saint Augustin, dans la théorie littéraire comme dans la morale.

Quelquefois cependant ses idées sur l'art sont bien subtiles; son admiration s'appesantit trop sur des détails inutiles. Fénelon apprécie bien mieux l'éloquence de la Bible, de Jésus-Christ et des apôtres; il l'admire parce que tout y est simple, tout y est grand, et il le montre : il nous fait voir comment Jésus Christ, maître de sa doctrine, la distribue paisiblement, comme il dit ce qui lui plaît et sans aucun effort, parlant du royaume et de la gloire céleste comme de la maison de son Père. Toutes ces grandeurs qui nous étonnent lui sont naturelles, dit-il; il y est né ; il ne dit que ce qu'il voit, comme il nous l'assure lui-même, et il mérite bien que les Pharisiens disent de lui : Jamais homme ne parla comme cet homme. Au contraire, souvent les apôtres succombent sous le poids d'une vérité qui leur a été révelée, ils ne peuvent exprimer tout ce qu'ils conçoivent, les paroles leur manquent. De là, selon Fénelon, viennent ces transpositions, ces expressions confuses, ces liaisons de discours qui ne peuvent finir.

Cette manière de caractériser l'éloquence des saintes Écritures me paraît plus heureuse, plus vraie et surtout plus naturelle que celle d'Augustin. L'auteur du *Télémaque* était dans des circonstances plus favorables au sentiment de la vraie beauté. Aussi comme il se rend compte de toutes ses idées, comme il les examine avec aisance !

Saint Augustin semble avoir pressenti cette large méthode d'appréciation quand il dit, que dans les Livres saints les paroles semblent moins cherchées par l'écrivain que venues d'elles-mêmes au service de la pensée.

Malheureusement cet aperçu ne lui a pas inspiré une critique digne de son sujet. C'est en vain qu'on attendrait un chapitre semblable à ceux que Bossuet a placés en tête de sa *Dissertation sur les Psaumes*, et dans lesquels il nous fait toucher du doigt les beautés qui remplissent la poésie du saint roi [1].

Le sublime et la majesté d'un style qui procède toujours par des images vives et saisissantes le frappent sur toute autre chose; il en donne mille exemples, et les analyse avec le goût supérieur d'un homme qui pouvait trouver lui-même ces beaux traits qu'il admire si vivement. Comparaisons d'une brièveté sublime et merveilleuse, mouvements rapides et inattendus, Bossuet n'omet rien. Un chapitre tout entier est consacré à faire sentir l'agrément du style, c'est-à-dire ces procédés qui rendent la vérité frappante et qui par conséquent fixent la pensée et l'intérêt; ce sont l'amplification, la répétition et d'autres encore. Une analyse complète nous fait connaître à fond les opinions de Bossuet sur cette matière profane.

C'est une suite de réflexions pareilles que j'aurais demandée à Augustin; mais il se jette dans des développements subtils pour prouver que saint Paul a connu la gradation, qu'il a pratiqué

[1] Bossuet. *Dissert. sur les Psaumes,* vol. I, édit. de Versailles.

la période. Un passage de l'Épître aux Romains sert de preuve à ces étranges paroles. Il est mieux inspiré, et son admiration est peut-être plus chrétienne et aussi plus juste quand il prend le début de la seconde Corinthienne, pour montrer dans saint Paul la sagesse unie à l'éloquence. Rien en effet n'est plus oratoire que l'énumération puissante des titres par lesquels l'apôtre déclare avoir mérité la confiance de ses frères ; jamais il n'a été donné à l'homme de parler de soi avec plus de dignité. Saint Augustin, plus que personne, était fait pour sentir cette éloquence forte et réservée. Mais les habitudes qu'il devait à une littérature prétentieuse et en décadence l'empêchent d'apprécier comme elles le méritaient, des beautés dont il avait l'instinct. Chez lui l'âme seule a du goût. Aussi, là encore, apporte-t-il une critique mesquine pour juger des choses dont le mérite le plus grand est peut-être d'être en dehors et au-dessus de toutes les conventions savantes des rhéteurs et des orateurs humains.

Pour répondre victorieusement à ces faux savants qui dédaignaient, dit-il, les saints auteurs, il aurait fallu, comme Fénelon, prendre successivement certains traits. Un passage isolé, tiré d'un seul prophète, ne prouve rien : il ne permet pas de montrer assez cette simplicité majestueuse, plus belle cent fois que toutes les combinaisons littéraires. Enfin, ainsi que l'a remarqué l'auteur des *Dialogues sur l'Eloquence*, des passages détachés, tout beaux qu'ils sont, ne peuvent seuls faire sentir toute leur beauté, quand on n'en connaît pas la suite; car tout se suit dans l'Écriture, et c'est peut-être même ce qu'il y a de plus grand et de plus merveilleux.

L'expérience oratoire d'Augustin se retrouve cependant toujours dans quelques détails : ici il insiste sur la prononciation des morceaux qu'il cite. On voit bien que ses réflexions viennent d'un homme qui commente ce qu'il lit de la voix et du geste.

Le but du quatrième livre est essentiellement pratique; le seul écrit qu'on pourrait lui comparer pour son importance est le troisième Dialogue de Fénelon sur l'Eloquence; mais des différences profondes séparent les deux productions. L'ouvrage français a été composé dans le cabinet; il était destiné à n'en pas sortir ou à ne paraître que fort tard. Il ne répondait pas à un besoin immédiat et général. Fénelon, quoi qu'il fasse et qu'il dise, écrivait pour les lettrés et les savants. Son œuvre est avant tout une œuvre de critique. Il savait bien que ceux à qui s'adressaient ses conseils étaient incorrigibles; aussi n'avait-il pas la prétention de les redresser, puisque ses Dialogues ne furent publiés qu'après sa mort.

Augustin, au contraire, composait son ouvrage pour tous ces évêques sans lettres, que le choix souvent aveugle ou intéressé des populations élevait à l'épiscopat; et pour eux il s'agissait bien moins de pénétrer les beautés poétiques de l'Écriture, que de bien faire comprendre les passages qu'ils expliquaient dans leurs instructions.

Aussi la clarté est aux yeux d'Augustin la première qualité de l'orateur chrétien. Mais certaines vérités sont compliquées, difficiles à saisir, quelle que soit la netteté d'esprit de celui qui les développe. Augustin n'hésite pas à déclarer qu'il ne faut pas en entretenir le peuple, à moins qu'on n'y soit obligé. Ces questions difficiles doivent être réservées pour les conférences; leur vraie place est dans les livres, parce que l'esprit porte dans la lecture son attention tout entière.

Que conclure de là, sinon que le but de la prédication était plus moral que dogmatique, et qu'il y avait dans le christianisme naissant, comme dans la philosophie d'Aristote, deux sortes d'enseignements : l'un, particulier et compliqué, était dans les livres ; l'autre, plus général et plus simple, se faisait pour tous et dans l'église.

Le caractère qui convient à ce dernier, c'est une négligence exacte, comme dit Cicéron : le style ne se distinguera pas par le choix et l'arrangement des mots ; rien de ce qui peut rendre le discours plus clair ne sera omis ; car le prédicateur s'adresse à une assemblée composée de gens de toute condition, la plupart peu capables d'une attention soutenue et peu préparés d'ailleurs par la nature de leurs occupations habituelles à l'intelligence des questions philosophiques et religieuses. S'il veut être compris, il ne doit pas craindre de revenir plusieurs fois sur la même pensée, de la reproduire sous plusieurs formes différentes, de telle sorte, que l'esprit de l'auditeur même, après un moment de distraction, puisse toujours ressaisir la liaison des idées, et rentrer dans la suite des développements. C'est en cela que Massillon excelle ; c'est par là qu'il peut être considéré comme le modèle des prédicateurs. On lui a reproché son excessive abondance, sans doute à tort. Ses discours devraient être prononcés, et non pas lus. La concision, chez un orateur, est presque aussi déplacée qu'elle est précieuse chez un écrivain.

Saint Augustin va si loin, qu'il tolère le barbarisme s'il doit rendre la pensée plus nette. Sans doute, si l'orateur peut se faire entendre avec des expressions correctes, il doit les préférer ; sinon, qu'il préfère la clarté à tout, non-seulement dans les conférences particulières, mais à plus forte raison quand sa parole se déploie devant les populations. Dans une conférence, chacun a la liberté d'interroger ; mais quand tout le monde est dans le silence pour entendre un seul homme, quand chacun a les yeux fixés sur lui, il n'est ni dans la coutume ni dans les bienséances de demander des explications, lorsqu'on n'a pas compris. Or, quand on parle devant une assemblée nombreuse, d'ordinaire on voit dans les mouvements et dans la physionomie si l'instruction est comprise ; tant qu'elle ne l'est point, il faut retourner son sujet sous toutes les formes, ce qui n'est pas possible à ceux qui préparent et qui apprennent par cœur ce qu'ils ont à dire en public.

Une question délicate se présente ici à nous : le prédicateur doit-il réciter son discours ou se borner à en préparer l'ensemble, les preuves, les traits principaux, et les transitions dont il compte se servir? cette dernière méthode est celle que Fénelon recommande et que Bossuet a suivie. Depuis son élévation à l'épiscopat, dit le Père Larue, pour préparer ses sermons, il se contentait, quelques jours avant de les prononcer, de jeter sur le papier son dessein, son texte et ses preuves, sans songer encore ni aux paroles ni à leur arrangement. Il méditait profondément son sujet le jour même où il devait parler. Une fois maître de ses pensées, il fixait dans sa mémoire les expressions et les tours principaux. L'après-dînée il méditait de nouveau son discours et le prononçait à haute voix, comme s'il l'avait lu, s'arrêtant, lorsqu'il jugeait convenable, pour y changer, ajouter ou retrancher, de même que s'il avait eu la plume à la main. Enfin, monté en chaire, il se réglait, comme le demande saint Augustin, sur les impressions qu'il avait produites et se conformait à la disposition de ses auditeurs. Aussi la collection de ses sermons en renferme un grand nombre dont le plan n'est qu'esquissé : ceux même qui sont écrits présentent des négligences de détails qui supposent une composition très-précipitée.

Il semble que Fénelon préparait encore moins ses discours ; il parlait, il écrivait avec une prodigieuse facilité : « On sent, dit Labruyère, dans « son Discours de réception, l'ascendant de ce « rare esprit, soit qu'il prêche de génie et sans « préparation, soit qu'il prononce un discours « étudié et oratoire, soit qu'il explique ses pen- « sées dans la conversation. Toujours maître de « l'oreille et du cœur de ceux qui l'écoutent, il « ne leur permet pas d'envier ni tant d'éléva- « tion, ni tant de facilité, de délicatesse, de po- « litesse : on est assez heureux de l'entendre. »

Malheureusement l'exemple de Bossuet et de Fénelon ne prouve rien; ce qui était possible à ces deux grands hommes ou à saint Augustin, peut bien être impossible au commun des prédicateurs, même à des hommes de talent. Il est évident qu'un discours improvisé par un orateur habile produit sur un auditoire plus d'effet qu'un discours récité. Mais la question est de savoir non pas si cette méthode vaut mieux que l'autre. Est-elle généralement praticable? Il y a bien des hommes capables de composer un bon discours, il y en a fort peu qui puissent parler sans préparation : il est donc à craindre que le précepte de saint Augustin ne trompe tous ceux qui n'auraient pas son génie. Il y a plus; on peut être né pour l'éloquence sans avoir la faculté d'improviser, il suffit pour cela de manquer d'assurance et de présence d'esprit. Montesquieu et Rousseau ont écrit bien des pages éloquentes, et nous savons par leur propre témoignage qu'il leur était absolument impossible de parler sans préparation. Bourdaloue ou Massillon eux-mêmes auraient-ils pu faire ce que demande Fénelon? Qui sait si l'obligation d'improviser ne leur aurait pas absolument interdit l'accès de la chaire?

Un mot de saint Augustin nous a jetés bien loin de lui; cependant il est moins exigeant que Fénelon. Qu'importe, dit-il, qu'une clef soit d'or ou de bois, dès qu'elle ouvre ce qui est fermé? pourvu que le prédicateur puisse éclaircir la vérité, il en sait assez.

Ainsi, contrairement à l'auteur des Dialogues, il permet aux gens sans talent de se mêler de prédication. Il savait bien que ce n'est pas seulement un art que l'on peut interdire à tous ceux qui n'ont pas des facultés supérieures; c'est une nécessité constante et universelle du christianisme. Il faut un grand nombre de prédicateurs, parce qu'il faut que chaque chaire soit remplie; si vous ne permettez la prédication qu'aux hommes supérieurs, comment suffirez-vous aux besoins de l'enseignement religieux?

On fait bien d'interdire la poésie aux talents médiocres, on ne peut rien perdre à cette interdiction; pour cent Pradon qu'elle étouffe à leur début, nous avons un Racine; la compensation est plus que suffisante : un poëte médiocre n'est bon à rien, un prédicateur médiocre peut avoir son utilité pratique. Fénelon ne s'est pas assez demandé si ce qu'il désire est possible.

Au reste, l'indifférence de saint Augustin pour la forme ne l'empêche pas de déclarer que pour son propre compte, il préfère infiniment le prédicateur qui saura instruire, plaire et toucher. Ces idées, appuyées par des citations de Cicéron et longuement développées, montrent bien que saint Augustin voulait rattacher la rhétorique ancienne aux besoins du présent, et comment il jugeait ces méthodes, si complètes et si achevées, qu'avait laissées l'antiquité.

Les principes généraux une fois acceptés, les détails le sont aussi. La division des styles, les subdivisions du sublime, toutes ces choses qui nous semblent aujourd'hui un peu surannées, quoiqu'elles ne soient pas moins justes que dans l'antiquité, se déroulent successivement sous la plume d'Augustin. Pour lui, elles ne sont cependant pas des préceptes traditionnels qu'il accepte aveuglément. Il se demande compte de toutes choses : il va en général en chercher la raison dernière dans la conscience, dont le christianisme, la direction des âmes et l'expérience lui avaient ouvert les profondeurs.

Grâce à ces habitudes psychologiques, les vieux préceptes se rajeunissent ; ils deviennent presque des vérités philosophiques. Car après tout, ce n'est pas le caprice des savants, ce n'est pas une habitude aveugle qui impose à la rhétorique la division des trois styles. Les lois de notre constitution morale ont été respectées : on a vu qu'autre chose était l'intelligence, autre chose la sensibilité, autre chose les déterminations de la volonté ; comme les produits de nos facultés diffèrent, leurs mobiles devront aussi être divers : tantôt il suffit de parler avec agrément, tantôt toutes les ressources d'une élocution puissante sont indispensables quand il s'agit de déterminer l'auditeur à la pratique du devoir. Le sentiment des convenances est le guide infaillible qui avertira l'orateur du style qu'il doit adopter dans telle ou telle circonstance : il y a des cas où les trois styles doivent se rencontrer dans un même discours ; mais il y en a toujours un qui prédomine.

Toutes ces idées sont revêtues chez Cicéron d'un style merveilleux; mais ce qu'il n'a pas fait, ce qu'Augustin fera, c'est de ramener ces détails à un principe supérieur. Pour l'évêque d'Hippone, l'éloquence n'est que la splendeur du vrai. L'homme n'aime la vérité que quand elle est embellie et parée : aussi le chrétien ne parle que pour instruire; s'il plaît, c'est pour soutenir l'attention, et s'il remue l'âme c'est pour agir sur elle.

Fénelon et Labruyère n'imposent pas une autre tâche au sermonnaire : ils lui recommandent de s'adresser surtout à la sensibilité, parceque c'est la faculté des hommes réunis. Si l'éloquence ne parlait qu'au petit nombre de ceux dont la tête est ferme et le goût délicat, ainsi que le veut Buffon, elle serait de peu d'usage. Il faut donc, comme le dit l'auteur des *Caractères*, que l'éloquence se fasse sensible, familière, instructive, accommodée au simple peuple, qu'il n'est pas permis de négliger. S'il en est autrement, l'orateur méritera l'admiration des doctes : mais alors le satirique a raison quand il dit : « Le solide et l'admirable discours que celui « qu'on vient d'entendre! les points de la reli- « gion les plus essentiels comme les plus puis-

« sants motifs de conversion y ont été traités : « quel grand effet n'a-t-il pas dû faire sur l'esprit « et dans l'âme des auditeurs ! Les voilà rendus : « ils en sont émus et touchés au point de ré- « soudre dans leur cœur sur ce sermon de « Théodore qu'il est encore plus beau que le « dernier qu'il a prêché. »

Ces lignes accusatrices sont dirigées contre ces prédicateurs lettrés que Fénelon aurait souhaité aussi de ramener à la simplicité : qu'on se garde bien d'y voir une satire de la tiédeur publique : la foule ne reste indifférente qu'aux choses médiocres. Si le peuple sort de l'église assez maître de lui pour juger ainsi l'œuvre dont il a été l'auditeur, ou plutôt le spectateur, c'est que le sermonneur, comme dit dédaigneusement Labruyère, n'a pas rempli sa tâche. Il n'a pas suivi les conseils d'Augustin, ni les lois de cette rhétorique supérieure qui convient aussi bien aux Bossuet qu'aux Mirabeau. Les formes de l'éloquence sont différentes ; mais, en définitive, agir sur le cœur et sur la volonté de l'homme est et sera toujours le but unique de l'orateur. Si la note change, le clavier reste le même : il faut donc le connaître à fond, l'étudier sans cesse.

L'âme a naturellement l'instinct du beau, dont

l'agréable n'est qu'une image affaiblie : le prêtre chrétien doit en tenir compte. « Car les hommes, « dit Augustin, ont tellement donné au plaisir « dans l'éloquence, que souvent ils ne se lassent « point de lire, par le seul motif de la religion, « ces histoires criminelles qu'autrefois l'élo-« quence retraça à des hommes sans religion et « sans pudeur. »

Est-ce un ressouvenir du plaisir avec lequel il avait pleuré sur les malheurs et sur la tendresse de Didon ? je le croirais volontiers en lisant l'imprécation qu'il lance contre ces âmes qui s'égarent dans la poursuite et dans le sentiment du beau.

Sans doute les saints eux-mêmes ont succombé à cette faiblesse : il en cite un exemple de saint Cyprien, et il le blâme chrétiennement d'avoir recherché des ornements indignes d'un ecclésiastique.

Le morceau extrait de la lettre à Donat est joli ; il semble que son seul tort soit d'être un peu chargé. En voici le texte, dont une traduction ne saurait rendre complétement la grâce quelque peu maniérée :

« Petamus hanc sedem ; dant secessum vicina « secreta, ubi dùm erratici palmitum lapsus

« pendulis nexibus per arundines bajulas re-
« punt, vitream porticum frondea tecta fece-
« runt. »

Ne dirait-on pas une de ces descriptions complaisamment développées qui abondent dans le *Télémaque?* Aussi je m'étonne de la soumission avec laquelle Fénelon souscrit au jugement sévère d'Augustin.

Vouloir trouver chez notre saint un ordre didactique, des détails toujours liés par la suite régulière des idées, serait une grave erreur. Ce qui rattache tous ces principes entre eux, c'est l'unité du sentiment qui les dicte. Ce sentiment éclate à chaque instant et donne un caractère tout religieux à un livre de rhétorique. Ainsi l'auteur interrompt tout-à-coup ses développements et recommande au prédicateur de prier avant de parler en public : il y a plusieurs manières de s'exprimer sur ce qui regarde la foi et la charité : Dieu seul nous inspirera le langage le plus digne de lui.

Mais comment se conciliait dans l'esprit d'Augustin le libre travail de la pensée humaine avec ce secours divin sans lequel, selon lui, il n'y a pas d'éloquence possible? de la même façon sans doute que la liberté et la grâce. Les docteurs eux-mêmes, dit-il, doivent se laisser instruire, quoique le saint Esprit les remplisse de ses dons : celui qui plante et qui arrose ne fait rien ; c'est Dieu seul qui donne l'accroissement ; ainsi, quoi que puissent faire les saints et les anges mêmes, celui-là seul est instruit comme il le faut des choses éternelles à qui Dieu daigne les révéler. L'étude, c'est-à-dire, ici, les préceptes de la rhétorique profane ne profiteront donc que s'ils ont reçu leur efficacité de ce Dieu qui, sans l'homme et sans son ministère, aurait pu, ajoute Augustin, donner l'Evangile au monde.

Cette conciliation des règles humaines avec l'abandonnement à Dieu n'était pas chose facile ; l'évêque n'y réussit que par des raisons subtiles, et qu'il ne convient pas, je crois, d'examiner de trop près dans un travail avant tout littéraire. Ce qu'il y a de certain, c'est qu'il fait mille efforts pour démontrer que les règles de la rhétorique ne sont pas par elles-mêmes contraires à l'esprit chrétien. L'homme résiste au théologien, et le résultat de la lutte est en faveur de la rhétorique.

Remarquons cependant qu'il n'abandonne pas les généralités ; il nous l'a dit, ce n'est pas à lui de nous faire connaître ces préceptes de détail que les rhéteurs de profession enseignent autour de lui. Les finesses de l'art il les dédaigne ; c'est son esprit qu'il examine et qu'il approprie à la religion. Les questions purement techniques sont écartées : c'est cela qui donne à son œuvre une physionomie originale. Elle contient beaucoup de principes, beaucoup d'observations, peu de règles, tandis qu'au contraire les prescriptions minutieuses abondent dans les rhétoriques anciennes. Mais l'esprit qui anime les doctrines oratoires d'Augustin, la psychologie profonde qui les éclaire, les placent non loin des travaux qui ont mérité aux Aristote et aux Cicéron l'admiration et la reconnaissance du genre humain.

Poursuivons notre analyse : Augustin n'a pas encore examiné toutes les grandes questions qui dominent l'éloquence. Sans doute il accepte la division des trois styles ; mais nous ne savons pas quelle idée il se fait du style en général, et quel caractère il assigne à chacun d'eux en particulier. Ici encore nous allons retrouver la doctrine de Cicéron.

Aux trois grandes parties de la rhétorique correspondent les trois styles ; celui-là seul est éloquent qui parle simplement des petites choses, des médiocres dans un style tempéré, et des grandes avec grandeur. Cicéron ne fait autre chose que de recommander à l'orateur de proportionner le développement de ses facultés à l'action qu'il veut produire. Pourtant il y a une différence notable entre les principes qui ont inspiré cet axiôme au grand avocat et au grand évêque.

Les questions que traite l'éloquence profane, selon ce dernier, sont plus ou moins considé-dérables, plus ou moins importantes. En matière de vérité morale ou religieuse, toutes choses ont une valeur infinie : car il n'y a pas de petites vertus : comme la rondeur géométrique est la même dans un petit cercle que dans un grand quand toutes les lignes qui vont du centre à la circonférence sont égales, de même la justice dans ses plus petits détails ne perd rien de sa grandeur.

Cette spirituelle comparaison peint au vif l'esprit de charité qui devait planer sur toutes les parties de la morale, que le prédicateur expliquât l'Écriture sainte, ou qu'il développât un sujet librement choisi. Le premier effet de ces grands principes doit être de répandre sur la parole sainte un esprit d'onction et de sérieux favorable à la vérité. Saint Augustin le sait mieux que personne : « Souvent, dit-il, j'ai « rendu avec assez de bonheur les idées que « Dieu m'inspirait sur ces matières : il est sorti « des eaux froides de ma parole je ne sais « quel feu dont les cœurs les plus glacés ont « été soudainement embrasés ; l'espoir du ciel « inspirait à mes auditeurs le goût des œuvres « de miséricorde et de charité. »

En présence de pareils résultats, on ne peut lui refuser le droit de conclure que tous les sujets chrétiens sont grands. D'un autre côté, si le style n'est que la pensée développée, la parole du prédicateur sera donc toujours élevée, sublime? il est bien malaisé cependant de se maintenir toujours dans le haut état que supposerait une pareille exigence. Saint Augustin n'ignore pas que l'homme se lasse de tout, même du beau ; il ne donnera jamais un pareil conseil. Reconnaissant au contraire que le style simple suffit pour instruire, le tempéré pour louer ou blâmer, il veut qu'on réserve les grandes idées et le grand langage pour l'instant où il faut agir sur la volonté.

Une même idée sera rendue en style simple, si l'orateur instruit ; en style tempéré, s'il loue ; en style sublime, s'il veut tourner ou ramener vers Dieu un cœur qui s'en éloigne. Ainsi le prédicateur qui parle de la Trinité, doit le faire simplement : là il s'agit d'instruire et non de parer son sujet; quand on expose des vérités spéculatives, il suffit d'en donner une connaissance exacte et complète.

Loue-t-on Dieu ou ses œuvres? que d'images se pressent alors dans le cœur de l'orateur! il peut célébrer de toute l'étendue de son pouvoir un Dieu que personne ne peut louer assez et que tout être néanmoins loue comme il le peut. Que si Dieu n'est pas adoré, si l'on adore avec lui ou au lieu de lui quelque idole, le discours ne saurait trop s'élever pour montrer aux hommes combien leur crime est grand.

Cicéron, dans l'*Orateur*[1], n'a pas caractérisé plus nettement les différences de chaque espèce de style. Préoccupé de répondre aux partisans outrés de l'atticisme, il semble qu'il ait surtout voulu mettre en relief les qualités du style sublime, pour les opposer à celles du simple : le style tempéré reste un peu effacé dans sa discussion. Voici tout ce qu'il en dit : « Entre le genre « simple et le sublime, il en est un qui n'a ni les

[1] Orat. VI.

« foudres de l'un ni les traits de l'autre; il en « fait comme la nuance, et participe des deux « sans leur ressembler, ou plutôt il s'en éloigne « également : doux et coulant, il n'est que facile « et toujours semblable à lui-même. Ses orne- « ments ont peu de relief, comme ceux d'une « couronne; et les pensées et les expressions y « plaisent sans beaucoup de parure. »

Cicéron a-t-il assez remarqué l'élément descriptif qui rentre si naturellement dans le style tempéré? Je ne le crois pas. Il est vrai que le grand critique ne perd jamais de vue la tribune ou le forum, et que là des descriptions complaisamment ornées eussent peut-être été déplacées. A l'église, au contraire, dans la bouche du prédicateur et destinées à peindre les grandeurs de Dieu, elles donnaient je ne sais quoi de vivant et de charmant à cette parole toujours austère et grave.

Mais pourquoi donc Augustin semble-t-il exclure le sublime du genre descriptif? Les merveilles de Dieu et de la nature, les hautes vérités de la conscience morale telle que le christianisme l'a faite, ne peuvent-elles pas emporter l'orateur dans les régions de la plus haute éloquence?

Au quatrième siècle, on aimait mieux louer

Dieu que les saints; et quand Augustin parle du style éclatant qui convient à ce genre de discours, il a peut-être en vue ces nombreux hexaémerons où les Pères de l'Eglise se plaisaient à retracer les magnificences de la nature en remontant jusqu'à leur auteur. Leur méthode, au moins celle de saint Basile, dont l'ouvrage est le plus connu, n'est guère qu'une longue promenade à travers les beautés de la création ; la description y abondait. On peut donc regarder comme une définition assez complète de ce genre les détails que donne saint Augustin. Ils ne s'appliqueraient pas aisément aux panégyriques des saints et des martyrs que l'on trouve dans les sermons des Pères. La fête de ces héros chrétiens servait de texte à des discours dont l'instruction dogmatique faisait le fond. Il y est très-rarement question d'eux. Aussi Augustin peut-il recommencer jusqu'à six fois le panégyrique de saint Cyprien : les panégyriques de Bourdaloue donneraient une idée assez exacte de ceux que nous trouvons chez les orateurs sacrés du quatrième siècle.

Comme presque toujours quand il expose un principe, Augustin l'appuie par des citations de l'Evangile et en particulier de saint Paul. Après avoir donné comme modèle du style simple les développements de l'Apôtre dans son épître aux Galates sur les deux alliances et sur le but de la loi, il revient sur l'obligation imposée au prédicateur d'ouvrir ce qui est fermé, de résoudre les difficultés de chaque question, et même de les prévenir, dans la crainte que ce qu'on voulait établir ne soit ruiné par ces objections possibles. Cette méthode, bonne assurément pour une religion qui s'établit, n'est peut-être pas sans inconvénients. Il arrive souvent que l'auditeur perd de vue la question principale, surtout dans les sujets abstraits. Qu'on lise saint Augustin, et en particulier le premier livre de la Doctrine chrétienne ; il y développe une vérité secondaire comme il ferait d'une idée capitale : aussi l'esprit ne sait trop où il va.

Ce défaut est fort grave en matière d'enseignement et de démonstration ; mais il est juste d'ajouter que les anciens n'avaient pas en fait de style l'exactitude didactique qu'on exigerait de nos jours. Ceux même qui visent le plus à une régularité méthodique ne la pratiquent jamais fort rigoureusement : Platon et Aristote le prouveraient que de reste.

Les prédicateurs modernes ont-ils été beaucoup plus heureux avec leurs divisions de sermons en trois points? la clarté y a-t-elle beaucoup gagné? qu'ont-ils fait que justifier cette vive censure de Labruyère? « Ils ont toujours « d'une nécessité indispensable et géométrique « trois sujets admirables de vos attentions. Ils « prouvent une telle chose dans la première « partie de leurs discours, cette autre dans la « seconde partie, et cette autre encore dans la « troisième. » Le reste n'est pas moins fort.

Fénelon est peut-être aussi sévère que l'auteur des *Caractères*, contre ces divisions et ces subdivisions, qui ne servent, selon lui, qu'à obscurcir la pensée. Fleury assure qu'elles viennent des scolastiques, accoutumés à dire *Dico primò, Probo primò*. Il les rejette aussi formellement. Le dix-huitième siècle, qui trop souvent met les gênes de la méthode philosophique là où le dix-septième réclamait la liberté pour l'imagination, revendiqua et défendit la nécessité des divisions. L'abbé Maury combat en plusieurs endroits Voltaire, qui partageait sur ce sujet les idées de Fénelon. Le judicieux Blair se prononce aussi en leur faveur. Quel est donc le but de la prédication? S'il s'agit de frapper fort plutôt que de frapper juste, si l'orateur chrétien doit surtout parler au cœur, les divisions sont inutiles et le dix-septième siècle a raison avec l'antiquité, avec saint Augustin, avec Voltaire. Mais la religion s'adresse-t-elle à l'intelligence, devient-elle l'objet d'une démonstration scientifique et régulière, comme cela était devenu nécessaire au dix-huitième siècle, il faut en revenir au sentiment de Maury. Car, si dans une longue et abstraite démonstration le prédicateur néglige de marquer la route où il s'engage, son auditoire risque à tout moment de le perdre de vue.

Quand Augustin écrivait, et surtout quand il parlait, il n'avait pas seulement l'avenir à édifier. Il lui fallait avant tout renverser le passé ou combattre le présent : aussi, quand il développe une vérité, il y rattache toujours mille questions de détail, pensant que le dogme devait être expliqué sous toutes ses formes, pénétré dans tous ses sens : cette libre méthode, qui ressemble si peu aux divisions des sermonnaires modernes, avait pour résultat de faire insensiblement gagner du terrain à la doctrine nouvelle. De cette façon les hérésies étaient bien mieux réfutées que dans les livres. Les Pères de l'Église, au troisième et au quatrième siècle, suivent tous cet ordre; c'est celui que Pascal appelle l'ordre de la charité.

Mais les discours de ces premiers prédicateurs sont fort courts. Ils sont devenus plus longs chez les modernes : il a donc fallu que des moyens factices soutinssent l'esprit fatigué de l'auditeur : les divisions eussent été inutiles dans le discours qu'Augustin présente ici comme un modèle du style instructif.

L'analyse qu'il en donne n'est pas heureuse; il cherche toujours dans saint Paul ce qui n'y est pas, ce qui ne peut pas y être. Il veut absolument trouver ces qualités de détail qui ajoutent peu à la pensée, et ne supposent chez un auteur que du travail et de l'instruction. Mais il faut se rappeler que le saint évêque aimait beaucoup, comme dit Fénelon, à jouer avec les mots, c'est dire qu'il attachait un grand prix à des beautés peu réelles. Il devait cette habitude à son siècle et peut-être aussi à la subtilité de son propre génie. Il ne s'en cache pas quand il dit : Autant que je le puis avec convenance, je ne néglige pas cette harmonie des chutes de phrase.

Ce défaut de critique est bien compensé par le sentiment large et profond des grands principes. Qu'on prenne sa *Définition du Style sublime*. Ce qui le distingue des deux autres, c'est, selon Augustin, la force, la véhémence et la passion.

Quand les ornements de l'élocution se présentent, le sublime s'en empare plutôt par la grandeur même de son objet que dans des vues d'élégance. C'est assez pour lui de s'appliquer à son objet. Les termes convenables se placent d'eux-mêmes selon les mouvements du cœur. Qu'un homme courageux porte une épée enrichie d'or et de pierreries, il s'en servira non parce qu'elle est précieuse, mais parce que c'est une épée. C'est toujours le même homme; il n'aurait pas moins de courage, fût-il armé de sa seule valeur.

Fénelon a reproduit toutes ces idées : on peut même dire que le beau portrait de Démosthène, tracé par l'archevêque de Cambrai, était dans les lignes qu'on vient de lire. Saint Augustin avait plutôt le sentiment du sublime que celui du beau. Aussi, tout ce qu'il dit sur ce sujet est d'une incontestable vérité, et même sa critique littéraire, ordinairement étroite, s'agrandit et s'échauffe. Ici encore, il cite saint Paul, et se décide enfin à ne lui demander que du sublime quand il dit : « Où trouve-t-on chez lui de justes « antithèses, des gradations savantes, des pé-« riodes et des tours habiles? et pourtant nous « sentons bien le feu de ce langage : tout simple

« qu'il soit, il n'est pas pour cela plus languis-
« sant. »

Les autres morceaux cités après saint Paul ont tous une beauté sévère, mais plutôt théologique qu'oratoire : on y sent une foi ardente ; mais je me garderais bien de les soumettre à une critique profane, ou même de les rapprocher de la définition qu'Augustin vient de donner du style sublime.

Il y est question de la grâce, du sacrement et du calice. Saint Ambroise même y prouve l'égalité du Père avec le Fils et le Saint-Esprit.

Les exemples du style orné, tirés de saint Cyprien et de saint Ambroise, sont mieux choisis. La citation d'un assez long morceau du *Traité de la virginité* de saint Cyprien, intéresse comme modèle du style qu'on aimait au quatrième siècle et comme peinture de détails. Il s'agit de reprendre les femmes qui veulent donner à leur teint un éclat emprunté. L'évêque de Carthage ne parle pas autrement que n'eût fait un grand orateur du dix-septième siècle en présence d'un sujet pareil ; il n'y aurait pas mis un sentiment plus délicat des convenances chrétiennes. Écoutez-le.

« Si un savant peintre, par des couleurs assez

« hardies pour le disputer à la nature, avait re-« présenté un beau visage, et qu'une fois son « œuvre achevée, un autre se croyant plus ha-« bile que lui y portât la main pour le refaire, « l'outrage fait au premier artiste semblerait in-« supportable ; sa colère serait bien légitime. Et « vous, vous pensez pouvoir cacher impunément « votre témérité et l'injure faite à l'artiste divin! « Quand même vous ne seriez pas impudiques de-« vant les hommes, ni déshonorées par ce fard « aux yeux de Dieu dont vous avez profané l'i-« mage, vous êtes pires qu'une adultère. Ce que « vous prenez pour une parure, ce que vous re-« gardez comme un ornement, c'est une viola-« tion de la vérité. »

J'abrège à regret cette citation, où l'orateur se montre bien sévère contre un défaut sur lequel la noblesse imposée à nos prédicateurs n'aurait pas insisté avec une dignité plus expressive.

J'ai hâte d'arriver au morceau de saint Ambroise que l'on va lire. L'évêque de Milan s'y prend bien plus adroitement encore pour détourner les femmes du même travers : « Quel « excès de folie, dit-il, d'employer l'art à défi-« gurer la nature, et dans le même temps qu'on « craint pour sa beauté le jugement désavanta-

« geux d'un mari, de témoigner soi-même pu« bliquement qu'on s'en méfie. Celle qui veut « changer ce qu'elle est naturellement est la « première à prononcer contre elle. Elle ne « prend tant de soin de plaire aux autres, que « parce qu'elle se déplaît à elle-même..... Si « vous êtes belle, pourquoi vous cachez-vous ? « Sinon pourquoi voulez-vous feindre de l'être, « puisque vous n'aurez ni le plaisir d'ignorer ce « que vous êtes, ni de vous consoler par l'erreur « d'autrui. Votre mari, loin de s'y tromper, en « aime une autre. A votre tour vous cherchez à « plaire à d'autres ! Êtes-vous si peu habile que « de lui tracer vous-même les leçons de l'infi« délité ? »

Il serait difficile de rien trouver qui soit plus sensé, et, disons le mot, plus spirituel que ce plaidoyer en faveur de la simplicité et de la grâce naturelle, plus belle encore que la beauté, comme dit La Fontaine. Ne croirait-on pas lire un de ces sermons moitié mondains, moitié religieux, tels qu'en pouvaient prêcher les abbés philosophes du dernier siècle ?

Après ces exemples, Augustin insiste sur la nécessité de mélanger les styles. Comme Cicéron, il savait bien que dans la pratique les trois genres se pénètrent et se confondent. Des critiques modernes ont reproché aux anciens rhéteurs d'avoir voulu établir des distinctions exclusives. Le grand orateur et le grand évêque sont bien supérieurs à cette routine : ils veulent au contraire que l'orateur réunisse les trois caractères.

Augustin savait trop bien aussi qu'il est plus aisé d'accepter longtemps le style simple que le sublime ; que plus il est nécessaire d'émouvoir l'âme pour la convaincre, moins on doit la retenir dans cette émotion, car il serait à craindre qu'elle ne descendît trop brusquement des hauteurs où l'éloquence l'avait portée. Aussi voyez Démosthène et Cicéron, l'un dans son discours pour la Couronne, l'autre dans sa Milonienne. En finissant, ils éteignent eux-mêmes l'incendie qu'ils ont allumé. Aux mouvements les plus énergiques, aux passions les plus fougueuses, succèdent des paroles calmes et simples. C'est ainsi que l'art calcule tout chez les maîtres; ils excitent ou apaisent tour-à-tour les passions qu'ils veulent gouverner, et, comme dit saint Augustin, le mouvement de leur parole ressemble au flux et au reflux de la mer. Mais le talent seul peut ainsi rester maître de sa force. Ainsi dans le sublime, que le début soit toujours calme. Il est bon que l'orateur exprime simplement certaines idées qui sembleraient comporter plus d'éclat. Celles qui sont rendues en style sublime paraissent plus belles comparées aux autres, qui sont comme des ombres placées là pour donner plus d'éclat au reste du tableau.

Au milieu de ces généralités, Augustin trouve cependant moyen d'indiquer certaines finesses de détail, certains procédés qui sentent un peu le rhéteur, et qui ne sont peut-être pas à l'abri de toute critique. Ainsi, je le demande encore, pourquoi bannir le sublime du style descriptif ou tempéré ? Cette proscription est arbitraire. Évidemment l'auteur se rappelait ici les préceptes étroits de l'école. Excusons-le. Voltaire aussi, malgré son goût bien supérieur à celui d'Augustin, bannissait bien le style fleuri, c'est-à-dire descriptif, d'un plaidoyer, d'un sermon et de tout livre instructif.

L'évêque d'Hippone n'a plus qu'à consulter son expérience et ses souvenirs, quand il peint les effets du sublime qui étouffe la voix, dit-il, et fait couler les larmes, qui prouvent plus que tous les applaudissements du monde. Il raconte alors ce qui lui était arrivé à Césarée en Mauritanie, où il avait détruit de sanglantes superstitions que chaque année ramenait. Je ne citerai pas ce fait trop connu, admirablement retracé par Fénelon. J'aime mieux extraire quelques passages d'une lettre où il raconte, peut-être sous l'impression même de son succès, un triomphe dû à un heureux emploi du sublime.

Il n'était alors que simple prêtre d'Hippone, et s'était proposé de faire cesser, parmi les catholiques de ce diocèse, non plus une coutume sanglante comme à Césarée, mais des festins pleins d'excès et de désordre qui se célébraient dans les églises d'Afrique le jour de la fête des saints et des martyrs.

« Je savais bien, écrit-il à son ami Alype, que « le peuple ne pouvait souffrir qu'on touchât à « cette ancienne pratique. Mais par une disposi- « tion secrète de Dieu, la lecture de l'Evangile « me donna pour sujet de ma conférence à dé- « velopper ce verset de saint Mathieu : Ne donnez « pas les choses saintes aux chiens ; ne jetez pas « les perles aux pourceaux. »

Ces paroles, bien accueillies par le petit nombre de ceux qui étaient à l'église ce jour-là, soulèvent au-dehors une opposition générale. A la fête suivante, l'évêque développe un texte encore à peu près pareil. Cette fois on avait ramassé des passages de l'Écriture qui semblaient autoriser la coutume combattue par le prédicateur. On allait les lui présenter. Mais il prévient toute objection par des textes précis de saint Paul, et il commence à les expliquer en pleurant et en gémissant.

« Enfin ayant rendu le livre au lecteur, dit-il, « je fis mettre tout le monde en prière. Ayant « prié moi-même de toutes mes forces, je tâchai « de leur mettre vivement devant les yeux le « péril que nous courions eux et moi. Je les con« jurai par les humiliations du Christ d'avoir « pitié de moi, de se rappeler la charité qu'a « pour moi le saint évêque Valère, qui m'a chargé « de leur dire la vérité. Bientôt nous fondîmes « tous en larmes. Ce ne fut pas moi qui com« mençai ; mes larmes suivirent celles de l'audi« toire. Après qu'on eut bien pleuré de part et « d'autre, j'eus l'espoir de les ramener. »

Et il les ramena en effet, comme il le marque dans la suite de la lettre.

Ainsi pour lui, le sublime c'est le pathétique dans sa plus haute acception ; c'est le don des larmes. En lisant ces préceptes, on se croirait encore à Athènes ou à Rome, avant que la tyrannie n'eût ôté à l'éloquence ses grands mouvements et ses élans dramatiques.

Il y a pourtant des différences qu'il importe de signaler. Chez les anciens, l'orateur était trop artiste pour ressentir ainsi l'émotion qu'il produisait, elle eût entravé la liberté de son esprit. Il devait, comme l'acteur, être assez maître de son jeu pour produire l'attendrissement chez les autres, sans se laisser entraîner lui-même à sa propre parole. Le christianisme combla par la charité la distance qu'il y avait entre l'orateur et son auditoire. Ce don des larmes, cette puissance de sympathie, voilà toute l'éloquence des apôtres et des premiers chrétiens. C'étaient les hommes dont parle dédaigneusement Buffon ; ces hommes, qui sentent vivement, le marquent fortement au-dehors, et par une impression purement mécanique transmettent aux autres leur enthousiasme et leur affection. Ainsi s'expliquerait tout naturellement le succès prodigieux de ces premiers orateurs chrétiens dont les discours paraissent si pâles quand on les lit aujourd'hui, loin des sentiments qui les ont dictés, loin de la foi ardente qui les acceptait, loin de ces voix sonores et puissantes qui les faisaient valoir.

Ce don des larmes était un des caractères saillants d'Augustin; la nature l'avait doué merveilleusement pour remplir la difficile mission de faire pleurer les pécheurs. Rude labeur que l'Église imposait aux évêques! C'était presque un devoir. Augustin n'était pas le seul à tenir le langage que nous avons vu. Saint Jérôme, dans une lettre à Népotien, ne dit-il pas lui aussi : « Quand tu instruis dans l'église, que l'on entende s'élever, non pas les applaudissements du « peuple, mais ses gémissements. Que les larmes « du peuple soient ton éloge. »

C'est qu'en effet, comme le dit quelque part Augustin, les larmes sont le sang de l'âme, et quand la sensibilité s'intéresse à une idée, cette idée ne tarde point à devenir un sentiment, et bientôt l'être moral en subira malgré lui les influences bonnes ou mauvaises.

Quelque puissant que soit le sublime à remuer les cœurs et les volontés, il ne faut pas pour cela méconnaître la valeur du style tempéré. Ce style, tel que le caractérise Augustin, c'est bien celui des panégyriques que cette époque nous a laissés. L'évêque d'Hippone l'avait connu et pratiqué, puisqu'il avait dû, à Milan, prononcer l'éloge d'un consul désigné. Si les morceaux d'apparat qui nous sont parvenus nous permettent de juger le style qui les inspirait, cette manière toute littéraire et toute prétentieuse ne convenait guère à l'orateur ecclésiastique. Mais dans la pensée d'Augustin, l'éloquence chrétienne s'étend bien au-delà de la chaire du prédicateur. Elle embrasse les lettres, les conférences, les livres même et les traités dogmatiques, puisque alors la littérature chrétienne sous toutes ses formes n'avait qu'un emploi, qu'un but, la prédication de l'Évangile.

Aussi la conclusion que tire Augustin de tout ce qui précède, c'est que les trois styles sont également bons, dès qu'ils rendent la religion intelligible pour tous : on ne peut les isoler impunément. L'auditeur peut-il être ému, s'il ne sait ce qu'on a dit? Peut-il écouter ce qui le fatigue?

Ici s'arrêtent les réflexions de notre auteur sur la partie purement oratoire de la rhétorique.

Mais aux yeux du moraliste chrétien, toute la puissance d'action de l'orateur n'est pas dans sa parole, elle est surtout dans sa vie. Je ne sache pas que la rhétorique ancienne, malgré le célèbre axiôme de Caton, ait indiqué sérieusement la vertu comme un moyen de succès oratoire; elle s'en tenait volontiers aux apparences. L'homme et l'orateur étaient deux personnages différents dans le polythéisme ; le christianisme au contraire s'empare de l'homme tout entier ; aussi la solution que saint Augustin donne au problème des mœurs oratoires n'a pas besoin d'être exposée. Là comme partout, l'esprit chrétien substituait l'être au paraître. Saint Paul déjà, dans son Épître à Timothée, avait imposé d'étroites obligations à l'orateur sacré. Le fils de sainte Monique va plus loin encore : selon lui, la vertu donne à l'éloquence un caractère de liberté et de fierté que rien ne peut surpasser, et la vertu est plus utile au prédicateur que le talent même. Il faut bien qu'il y ait du vrai, pour que Labruyère pense qu'un clerc mondain ou irréligieux, s'il monte en chaire, est déclamateur, et qu'il y a au contraire des hommes saints dont le seul caractère est efficace pour la persuasion : « Ils paraissent, dit-il, et tout un peuple qui « doit les écouter est déjà ému, et comme per« suadé par leur présence. »

Si de pareilles réflexions étaient justes au XVIIe siècle, combien plus devaient-elles l'être au temps d'Augustin, dans cette effroyable corruption que le christianisme avait à combattre. Alors plus que jamais cette puissance morale de la vertu devait faire la force du prédicateur ; et

Augustin n'hésite pas à dire qu'un homme vertueux, qui ne sait pas parler, n'est point blâmable de prendre des discours faits par d'autres plus habiles que lui.

Selon nous, ce conseil était peut-être bon au commencement du christianisme, quand il s'agissait plutôt de gagner les âmes que de les retenir. Mais Maury a tort de souhaiter que cette habitude reparaisse. Dans nos siècles un peu sceptiques, certains esprits croiraient volontiers l'Église épuisée de doctrine et de génie puisqu'elle consentirait à vivre sur son passé. D'ailleurs l'instruction religieuse ne doit-elle pas se proportionner aux âges et aux sociétés pour qui elle est faite ? Or les plus beaux sermons des saint Jean Chrysostome et des Augustin, pour des auditeurs de nos jours, ne seraient que des objets de curiosité littéraire ou philosophique, et rien de plus. Et puis se représente-t-on un discours de Bossuet prononcé par un autre que lui ? prenez le plus habile lecteur, si vous le voulez, et faites-lui débiter dans l'église le sermon de Massillon sur le petit nombre des élus ; malgré le respect qu'on doit aux ministres de la sainte parole, en écoutant cet interprète d'une pensée étrangère je ne pourrai m'empêcher de croire que j'assiste à la seconde représentation d'une pièce qui a réussi.

Que l'orateur chrétien reste donc toujours lui-même, qu'il tâche de compenser la faiblesse de sa parole par la force de ses exemples : pour cela il n'aura qu'à suivre les conseils d'Augustin ; il réussira s'il glorifie ce Dieu tout bon qui tient entre ses mains nos discours et nos pensées.

L'évêque d'Hippone ne s'était proposé que d'entrer dans quelques détails relatifs à l'art d'enseigner ; il s'aperçoit qu'il a discuté presque toutes les questions générales de la rhétorique. En effet, il a examiné sa moralité ; l'invention, qui chez lui s'appelle sagesse ou science des écritures, a été longuement traitée. A-propos de l'élocution, les qualités principales du style ont été indiquées, et l'antique division des styles acceptée après un examen sérieux. Les mœurs oratoires, envisagées au point de vue chrétien, n'ont pas non plus échappé à l'attention du pieux évêque. Écoutons-le encore une dernière fois.

« Ce livre est devenu plus long que je ne le
« voulais, que je ne le croyais : mais il n'est pas
« long pour celui qui en profitera... Pour moi,
« je rends grâces à Dieu, parce que je n'ai pas
« prétendu m'y représenter tel que je suis; j'ai

« seulement voulu montrer, selon l'étendue de « mes forces, les qualités que doit avoir celui « qui par l'étude de la doctrine chrétienne s'est « mis en état d'être utile aux autres. »

Telle est la modeste conclusion de ce beau livre.

Ce qui prouve la valeur incontestable des principes oratoires de saint Augustin, c'est qu'ils ont été adoptés et développés par tous les grands esprits qui se sont occupés de la rhétorique sacrée. Il suffirait de citer Érasme ou la lettre que François de Sales adresse à l'archevêque de Bourges, qui lui avait demandé quelques règles sur la prédication; mais il serait injuste d'oublier des ouvrages moins célèbres, qui ont cependant mérité les éloges des savants, parce qu'on y retrouve l'esprit du christianisme, c'est-à-dire la doctrine d'Augustin. Telle est la Rhétorique ecclésiastique de Louis de Grenade qui, aujourd'hui encore, est estimée; tels sont les traités de Villavicentius, de Valério, de Didace Stella, du P. Gody, et de bien d'autres moins connus encore.

Qu'on rapproche de cette longue et persistante admiration la querelle littéraire qu'excita entre Arnaud et Dubois, puis entre Balthazar Gibert et l'oratorien Lamy, la théorie oratoire de saint Augustin diversement interprétée, et l'on comprendra mieux encore la haute portée du *Traité de la Doctrine chrétienne.*

L'académicien Dubois, ce malencontreux janséniste, auteur d'une lettre bien connue contre Racine, publia en 1680 une traduction des sermons de saint Augustin sur le Nouveau-Testament. A cette traduction était jointe une préface assez longue, où le traducteur tâchait de démontrer que l'éloquence est un art indigne de la chaire chrétienne. Le prédicateur, dit-il, ne doit parler qu'à la raison : pour cela il lui faut suivre l'ordre géométrique qui se rencontre toujours, selon lui, dans les bonnes harangues de Démosthènes et de Cicéron. L'éloquence qui s'éloigne de cet ordre, celle qui cherche le pathétique, est fausse ! Et il voulait appuyer ces opinions étranges sur l'autorité de saint Paul et de saint Augustin.

Arnaud son ami entreprit de le réfuter. Sa réfutation est sous forme de lettre : elle parut en 1695. Les réflexions sur l'éloquence sont divisées en vingt articles ; on croirait lire un chapitre des éléments de géométrie d'Arnaud. Le style est grave et austère jusqu'à l'excès ; la dialectique est serrée ; mais les preuves sont si étroitement enchaînées qu'il est difficile d'en rien détacher. Il lui prouve qu'il n'a entendu ni saint Augustin ni saint Paul, et qu'il ne s'est pas entendu lui-même. Ce qu'il y a de plus intéressant dans cette dissertation, c'est quand à la psychologie timorée et mesquine de Dubois il oppose une belle et savante analyse de nos facultés ; à ses yeux l'ordre géométrique ne convient qu'aux sciences exactes, et il serait bien inutile de le chercher dans les grands orateurs sacrés ou profanes.

Le Père Bouhours, heureux de voir un pareil dissentiment entre deux jansénistes, réunit la préface de Dubois et la lettre d'Arnaud en un seul volume qu'il fit paraître vers 1700, avec une préface fort courte et assez insignifiante. Pourtant la critique avait beau jeu : car la dissertation d'Arnaud est sèche et aride ; il semble qu'en réfutant l'adversaire de l'éloquence, il ait eu peur d'être éloquent. Cependant elle eut un succès prodigieux, et voici ce qu'écrivait [1] Boileau à Maucroix, le vieil ami de La Fontaine : « Je « n'ai pas vu les traductions du dévot (il s'agit « de Dubois) dont vous vous plaignez : tout ce « que je sais, c'est qu'il a eu la hardiesse, pour « ne pas dire l'impudence, de traduire les Con-

[1] Boileau. *Lettres diverses*, XI, éd. de M. Viollet-Leduc.

« fessions de saint Augustin après messieurs de « Port-Royal, et qu'étant autrefois leur humble « et rampant écolier, il s'est tout-à-coup voulu « ériger en maître. Il a fait une préface au-de- « vant de sa traduction des Sermons de saint « Augustin, qui, quoique assez bien écrite, est « un chef-d'œuvre d'impertinence et de mau- « vais sens. M. Arnaud, un peu avant de mou- « rir, a fait contre cette préface une dissertation « qui est imprimée... Je suis sûr que si vous l'a- « vez lue, vous convenez avec moi qu'il ne s'est « rien fait en notre langue de plus beau ni de « plus fort sur les matières de rhétorique. C'est « ainsi que toute la cour et toute la ville en ont « jugé, et jamais ouvrage n'a été mieux réfuté « que la préface du dévot. »

Les Dialogues de Fénelon sur l'Éloquence, bien supérieurs à la lettre d'Arnaud, furent loin d'avoir un pareil succès, quand ils parurent, en 1718. Leur auteur, quoique mort, était encore en disgrâce à la cour. Cet ouvrage est trop connu pour que j'en parle ici. Qu'il me suffise de dire, qu'on y retrouve partout les principes d'Augustin et d'Arnaud, et les traditions de la grande rhétorique sacrée.

Labruyère, lui aussi, dans son chapitre sur la

Chaire, avait suivi les idées de l'évêque d'Hippone et peut-être aussi celles de Fénelon. Il serait possible qu'il eût entendu ce dernier développer ses opinions à la cour ou dans la société de Bossuet, chez qui l'auteur des Caractères était fort assidu ; car, quand Labruyère mourait en 1696, un an après la nomination de Fénelon à l'archevêché de Cambrai, les relations amicales de Bossuet et de Fénelon n'étaient pas encore tout-à-fait rompues. Il était naturel que dans le siècle où l'éloquence religieuse atteignit à une hauteur d'où elle ne pouvait plus que descendre, la critique s'occupât sérieusement de l'esprit et de la méthode qui lui conviennent. Aussi, depuis Fénelon jusqu'à Maury, bien des livres furent composés sur la rhétorique sacrée. Quelques-uns sont fastidieux, comme celui de Riche source [1], qui s'intitulait fièrement le modérateur de la compagnie des orateurs ; d'autres sont loin d'être sans mérite : ainsi [2] *le Traité de la sainteté et des devoirs du prédicateur évangélique par un Bénédictin* ; ainsi [3] *les Règles de la bonne et solide prédication.*

[1] Paris, 1673.

[2] Paris, 1685, sans nom d'auteur.

[3] Paris, 1701, sans nom d'auteur.

Le plus intéressant de tous ces ouvrages est sans contredit le petit discours sur la Prédication, où l'abbé Fleury souhaite lui aussi une réforme dans l'éloquence de la chaire. Les doctrines d'Augustin sont encore une fois rajeunies par un homme supérieur. L'auteur voudrait que les vérités nécessaires au salut, c'est-à-dire les mystères, fussent la matière des sermons, et que les questions capitales de la morale religieuse y fussent sérieusement traitées Il recommande, pour la peinture des passions, de suivre la méthode indiquée par Aristote dans sa rhétorique. Il souhaite ardemment qu'on ramène souvent les grands principes : Croyez-vous à Dieu? au jugement dernier? Et il insiste surtout pour qu'on ne néglige pas les preuves historiques de la religion.

Ainsi les juges les plus compétents du grand siècle, tout en réclamant une réforme dans l'éloquence religieuse, acceptaient sa légitimité et par suite celle de la rhétorique. Cependant la tentative malheureuse de Dubois trouve encore un imitateur au commencement du dix-huitième siècle dans le P. Lamy, oratorien, qui se piquait de beau style et de cartésianisme. Dans un *Traité de la connaissance de soi-même*, il prétendit que l'éloquence et la rhétorique n'étaient bonnes qu'à gâter le cœur et à fausser l'esprit. Il ajouta qu'en particulier celles des colléges avaient ce triste avantage.

Alors Balthazar Gibert, un de ces hommes dont s'honore l'Université, répondit à l'oratorien par un ouvrage intitulé : *De la véritable éloquence;* il lui démontre avec plus de bon sens que d'urbanité, que ses idées n'étaient ni vraies ni neuves. Après avoir réfuté tous les sophismes débités depuis Platon contre la rhétorique, il rapprochait les idées du P. Lamy de celles de Dubois, pour lui montrer qu'elles n'avaient pas même le mérite de l'originalité. Plus tard il avoue que ce traité n'avait pas toute la politesse que son titre aurait dû faire attendre.

Naturellement la querelle s'envenima. Le P. Lamy répondit. C'est dans ces circonstances que Gibert publia ses réflexions sur la rhétorique. Il y soutenait les mêmes thèses, et par mainte citation du quatrième livre de *la Doctrine chrétienne*, il prouvait que les principes de la rhétorique ancienne, ceux de la rhétorique enseignée par l'Université et ceux de saint Augustin étaient exactement les mêmes.

Je n'ai cité ces illustres interprètes des doctrines oratoires d'Augustin, je n'ai rappelé les vieux débats littéraires auxquels elles donnèrent lieu, que pour mettre mes conclusions sous la sauvegarde des excellents esprits qui, avant moi, ont admiré les traités de l'illustre docteur africain sur l'art de persuader : moi aussi, je puis maintenant dire comme saint Augustin : « Ce livre est devenu plus long que je ne le voulais et que je ne le pensais. » Mais je ne regretterai pas mon travail, si de tout ce que j'ai dit il m'est permis de tirer les conclusions suivantes :

1° Le christianisme, après avoir méprisé les persuasions de la sagesse humaine, après avoir paru accepter le mépris systématique du platonisme contre la rhétorique, par la force même des circonstances a été amené à reconnaître la légitimité de la rhétorique.

2° Saint Augustin est le premier Père qui a nettement compris le besoin qu'avait la société chrétienne d'une méthode oratoire qui s'adaptât à son esprit.

3° Il y a complétement répondu par son *Traité sur l'art de catéchiser*, et par son quatrième livre de *la Doctrine chrétienne*.

C'est le même esprit qui a dicté les deux ouvrages, mais la méthode n'y est pas la même. Pour amener les indifférents au dogme, la démonstration historique semble en effet la plus efficace des persuasions. Aussi le *Traité sur l'art de catéchiser* semble surtout consacré aux règles propres à l'exposition historique du dogme religieux. Ce n'est pas seulement un beau livre de morale et de rhétorique, c'est encore un curieux monument qui nous fait connaître la méthode chrétienne en matière d'enseignement.

L'*Art de catéchiser* n'est en quelque sorte que l'avant-propos du quatrième livre de la *Doctrine chrétienne*. Toutes les idées qui remplissent ce dernier ouvrage sont indiquées et contenues en germe dans le traité composé pour le diacre de Carthage.

Tous les grands principes développés par Augustin, et adoptés après lui par les critiques modernes qui se sont occupés de l'éloquence sacrée, se rattachent aux règles fondamentales de la rhétorique ancienne.

Mais l'évêque chrétien se rapproche plutôt des philosophes que des rhéteurs. Comme les premiers, il n'accepte les principes qu'après avoir apprécié leur moralité et leur conformité à l'esprit chrétien.

La gloire d'Augustin et aussi sa vraie originalité, c'est de renouveler l'esprit de la rhétorique en lui proposant pour but unique la charité.

C'est pour cela qu'il n'examine que les questions les plus générales de l'art ; il ne développe que les idées qui l'aideront à montrer que la rhétorique n'a rien en soi de contraire à l'esprit chrétien, car, après tout, et c'est là ma dernière conclusion, saint Augustin songe exclusivement à l'éloquence sacrée, c'est-à-dire à l'interprétation oratoire des saintes Écritures, comme s'il eût pensé que c'était la seule éloquence possible de son temps, ou que l'art profane ne lui eût pas semblé digne d'occuper les méditations d'un évêque.

Cette thèse sera soutenue par Ferdinand COLINCAMP,
licencié ès-lettres,
ancien élève de l'École normale.

VU ET LU,

A Paris, en Sorbonne, le 6 mars 1848, par le doyen de la Faculté des lettres de Paris,

J. Vict. LE CLERC.

Permis d'imprimer,

L'inspecteur-général de l'Université,
Vice-recteur de l'Académie de Paris.

ROUSSELLE.

TABLE DES MATIÈRES

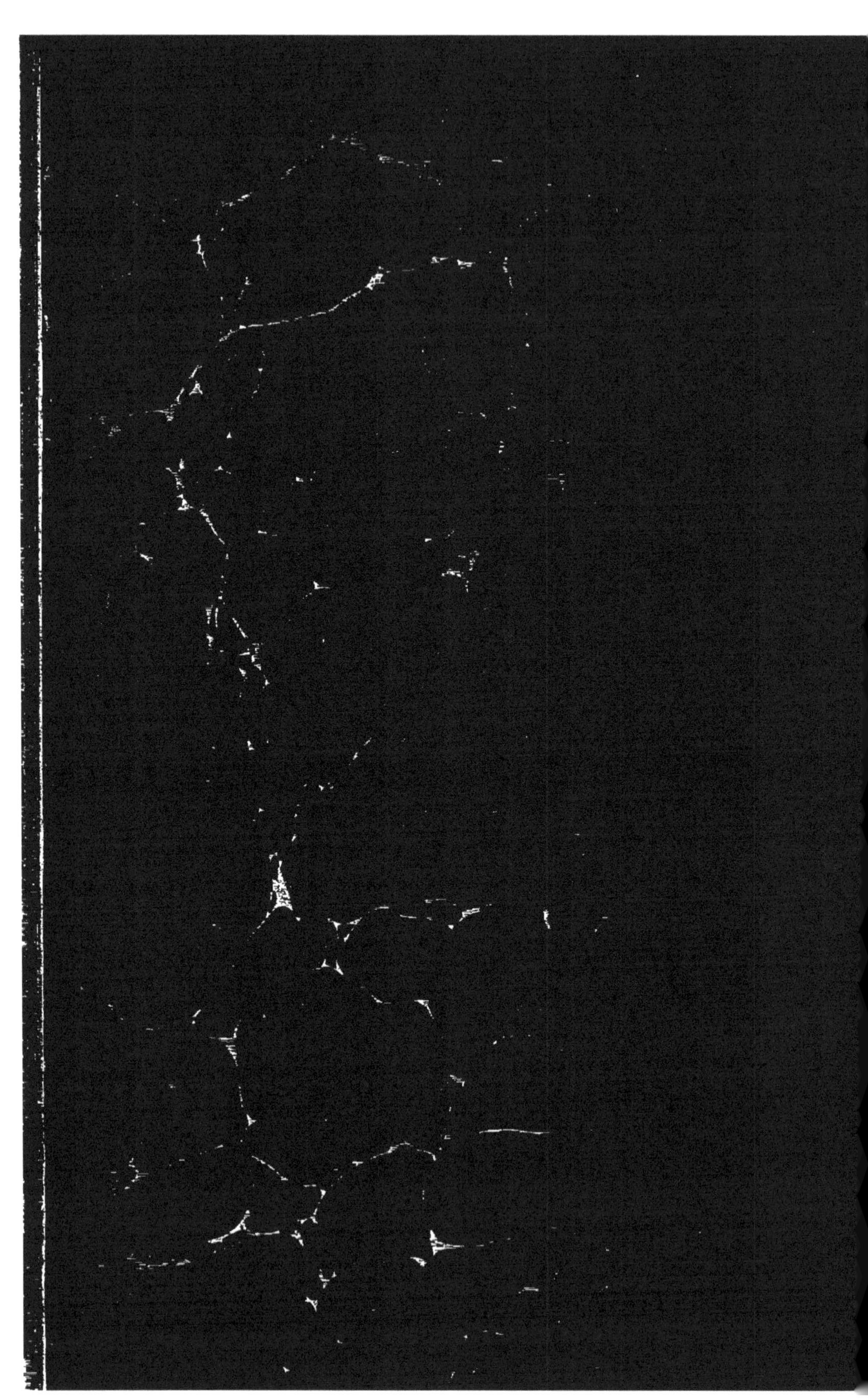

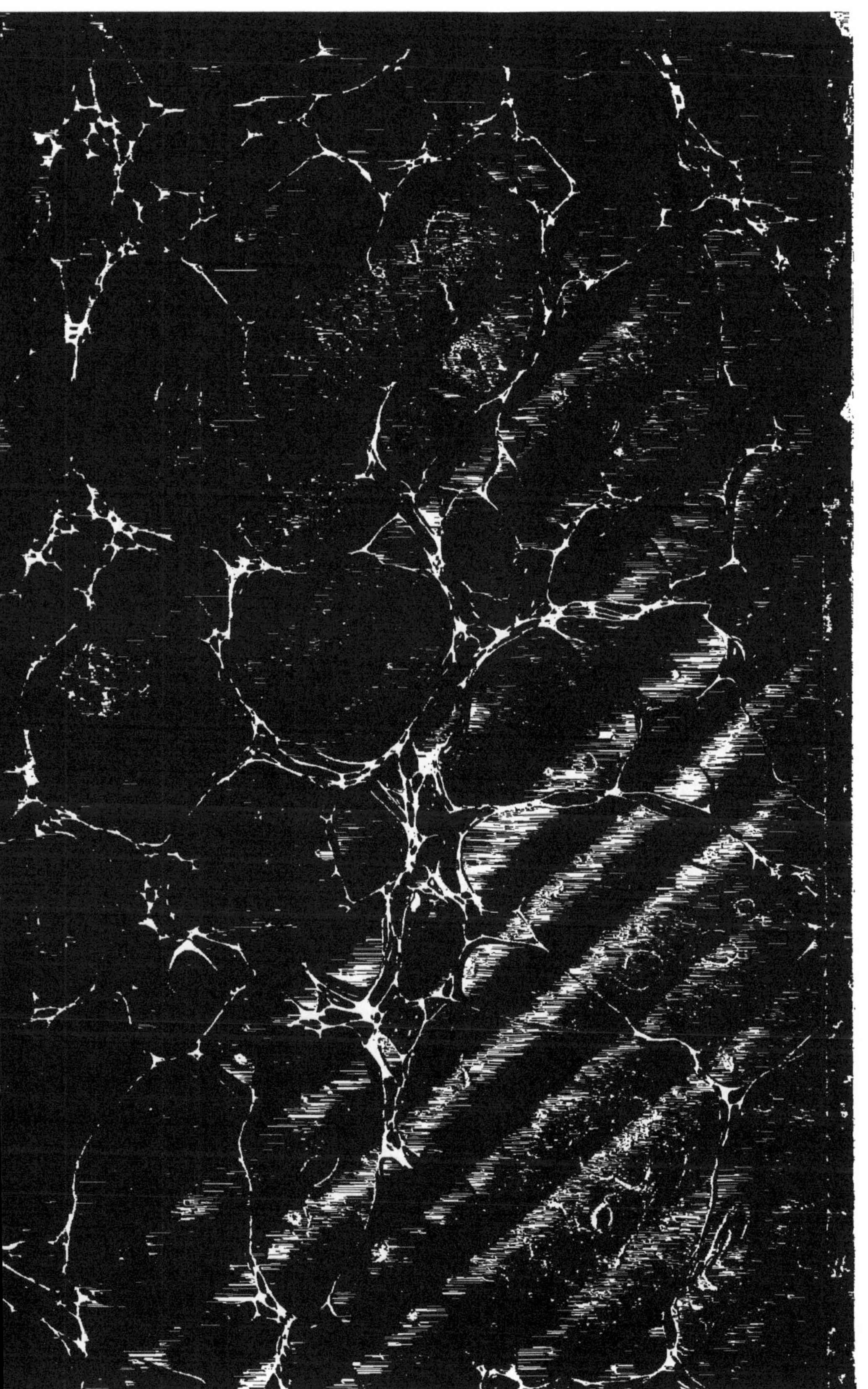

www.ingramcontent.com/pod-product-compliance
Ingram Content Group UK Ltd.
Pitfield, Milton Keynes, MK11 3LW, UK
UKHW031046260726
13965UKWH00006B/596